AF274147

SEAG0110
SERVICIO PARA EL CONTROL DE PLAGAS
[DISPONIBLE CERTIFICADO COMPLETO]

Solicítalos en:
- Librería
- www.paraninfo.es
- Solicitudes nacionales +34 914 463 350
- Solicitudes fuera de España +34 913 308 907, +34 913 308 919

Seguridad y salud
MF0075_2

Enrique García Prado

© 2025 Ediciones Paraninfo, S. A.
© 2025 Enrique García Prado

Diseño y maquetación: Ediciones Nobel, S. A.

ISBN: 978-84-283-7348-7
Depósito legal: M-21946-2025
Impresión: Liberdigital (Casarrubuelos, Madrid)

Impreso en España

Autor

Enrique García Prado trabaja como docente en el ámbito de la formación ocupacional y continua en cursos dirigidos a trabajadores en activo o desempleados en diversos centros formativos; igualmente, desarrolla acciones formativas *in company* para empresas. Imparte cursos tanto presenciales como *e-learning* del área de Administración y Gestión de Empresas (prevención de riesgos laborales, legislación y práctica laboral, y organización de empresas), así como dirigidos a la obtención de la tarjeta profesional de la construcción y la tarjeta profesional del metal. Posee el Certificado Profesional de formador ocupacional e imparte cursos adaptados a diversos Certificados Profesionales.

Licenciado en Derecho (Universidad de Oviedo), ha cursado, además, los estudios de Técnico Superior en Prevención de Riesgos Laborales (Especialidades de Seguridad en el Trabajo, Higiene Industrial y Ergonomía y Psicosociología Aplicada), máster universitario en *e-learning* y Redes Sociales (Universidad Internacional de La Rioja), Experto Universitario Sociolaboral (Universidad de Oviedo), Programa Avanzado en Dirección Empresarial (Universidad Antonio de Nebrija), Gestión de la Organización Empresarial (Escuela de Organización Industrial), Perito Judicial en Prevención de Riesgos Laborales, OHSAS 18001, Auditorías de Prevención de Riesgos Laborales y Sistemas de Gestión de Prevención de Riesgos Laborales.

Para Lucía, más que colaboradora, más que socia.

Índice

Introducción normativa

La Ley Orgánica 3/2022, de 31 de marzo, de ordenación e integración de la Formación Profesional, contiene una disposición derogatoria única que afecta a la regulación de los certificados de profesionalidad, ahora denominados **Certificados Profesionales.** La referida normativa deroga la Ley Orgánica 5/2002, de 19 de junio, de las Cualificaciones y de la Formación Profesional, y abre un escenario de cambios que se irán implementando progresivamente.

La Ley Orgánica 3/2022, de 31 de marzo, de ordenación e integración de la Formación Profesional implica que toda la formación es acumulable. La oferta formativa se estructura de forma escalonada, siendo los Certificados Profesionales un nivel intermedio (Grado C) de una escala que va desde el Grado A hasta el D.

En los artículos 35 a 38 de la Ley 3/2022 se describe en qué consisten estos Certificados Profesionales: su oferta, formación asociada, estructura, duración, acceso, titulación y validez. Posteriormente, esta normativa se completa con lo dispuesto en el Real Decreto 659/2023, de 18 de julio, que desarrolla la ordenación del sistema de Formación Profesional. Concretamente en los artículos 67 a 81 es donde se hace referencia a la oferta formativa de Grado C, correspondiente a los Certificados Profesionales.

Están agrupados en 26 familias profesionales con características comunes del sector. En la actualidad hay más de medio millar de Certificados Profesionales incluidos en el Repertorio Nacional. Esta cifra no deja de crecer. Además, cada certificado está específicamente regulado por un real decreto.

Un Certificado Profesional corresponde al Grado C de la oferta del Sistema de Formación Profesional. Es un documento oficial, con validez en todo el territorio nacional y debe constar en el Catálogo Nacional de Ofertas de Formación Profesional, que certifica la capacitación para el desarrollo de una actividad profesional.

Debe detallar los módulos profesionales superados y los estándares de competencia profesional asociados a él e incluidos en el **Catálogo Nacional de Estándares de Competencias Profesionales**, así como su correspondencia con el Marco Español de Cualificaciones.

Despliegan su validez en un doble ámbito, laboral y académico:

- En el contexto laboral tienen validez profesional, porque acreditan las competencias en una determinada profesión. Para poder trabajar en algunas profesiones, se exigen determinadas cualificaciones, y los certificados sirven para acreditarlas.

- Asimismo, tienen validez académica, puesto que permiten continuar un itinerario formativo siempre que se cumplan los requisitos de acceso para cursar la titulación deseada. De tal modo que, los Certificados Profesionales que sean parte de un Grado D permitirán la matrícula modular para completar los módulos establecidos en el currículo y obtener el correspondiente título de técnico básico, técnico o técnico superior con validez en todo el territorio nacional.

Para obtener un Certificado Profesional (Grado C) es preciso cumplir con los requisitos de acceso para realizar la formación.

Estructura de los Certificados Profesionales

I. Identificación: denominación, familia y área profesional a la que pertenecen; nivel de cualificación profesional (1, 2 o 3); cualificación profesional de referencia; entorno profesional y módulos formativos que esté previsto cursar junto con la duración de cada uno de ellos.

II. Perfil profesional: incluye las competencias profesionales requeridas en el mercado laboral. En todas ellas se concretan las realizaciones profesionales y los criterios de realización.

III. Formación: describe los módulos formativos que esté previsto cursar para adquirir las competencias requeridas. En cada uno de ellos se indican las capacidades que se pretende alcanzar y la duración del módulo de prácticas no laborales —PNL—, para el que cabe solicitar exención si se cumplen determinados requisitos.

IV. Prescripciones de las personas formadoras.

V. Requisitos mínimos de espacios, instalaciones y equipamiento.

Los Certificados Profesionales se identifican con una denominación concreta y un código alfanumérico propio, y sirven para acreditar una determinada cualificación profesional. Cada certificado está asociado a una relación de unidades de competencia que, a su vez, se vinculan con una serie de módulos formativos específicos. Algunos módulos están integrados por unidades formativas y tanto unos como otras son, en ocasiones, transversales, lo que significa que se trata de contenidos incluidos en más de un Certificado Profesional.

Los Certificados Profesionales se articulan en tres niveles de competencia profesional (1, 2 y 3) conforme a lo dispuesto en el que será el Catálogo Nacional de Estándares de Competencias Profesionales, anteriormente Catálogo Nacional de Cualificaciones Profesionales (CNCP), según los criterios establecidos de conocimientos, iniciativa, autonomía y complejidad de las tareas, en cada una de las ofertas de Formación Profesional.

La oferta formativa dirigida a la obtención de los Certificados Profesionales tiene carácter modular para favorecer la acreditación parcial acumulable de la formación recibida y posibilitar así el avance en el itinerario de Formación Profesional para cualquiera que sea la situación laboral de cada persona en cada momento.

En definitiva, el Grado C constituye la oferta, parcial y acumulable, del sistema de Formación Profesional, de varios módulos profesionales del catálogo modular de Formación Profesional por razón de su significado en el mercado laboral y conducente a la obtención de un Certificado Profesional.

Las ofertas de Grado C de Formación Profesional tendrán por objeto módulos profesionales incluidos previamente en el catálogo modular de formación profesional y asociados al Catálogo Nacional de Estándares de Competencias Profesionales.

Finalidad de los Certificados Profesionales

- Contribuir a la ordenación de un Sistema de Formación Profesional al servicio de un régimen de formación y acompañamiento profesionales que sea capaz de responder con flexibilidad a los intereses, expectativas y aspiraciones de cualificación profesional de las personas a lo largo de su vida.

- Combinar escuela y empresa situando a la persona en el centro del sistema.

- Facilitar el aprendizaje permanente de toda la ciudadanía mediante una formación abierta, flexible y accesible, estructurada de forma modular, a través de la oferta formativa asociada al certificado.

- Acreditar las cualificaciones profesionales o las unidades de competencia recogidas en estas, independientemente de su vía de adquisición, bien sea través de la vía formativa, o mediante la experiencia laboral o vías no formales de formación.

- Favorecer, tanto a nivel nacional como europeo, la transparencia del mercado de trabajo.

- Contribuir a la calidad de la oferta de Formación Profesional.

Este libro

El presente libro desarrolla el Módulo Formativo denominada *Seguridad y salud,* MF0075_2.

Dicho Módulo Formativo está asociado a la Unidad de Competencia UC0075_2, perteneciente a las Cualificaciones Profesionales de referencia: SEA028_2, de nivel 2, incluida en el Certificado Profesional denominado *Servicios para el control de plagas* y SEA026_2, de nivel 2, incluida en el Certificado Profesional denominado *Operaciones de estaciones de tratamiento de aguas.* Todas ellas se encuentran dentro de la familia profesional Seguridad y Medio Ambiente.

Según el Real Decreto 1536/2011, de 31 de octubre, modificado por el RD 624/2013, de 2 de agosto, los contenidos que en esta obra se recogen se corresponden con una duración de 50 horas.

Tanto la estructura como el desarrollo del libro se ajustan al citado real decreto y más concretamente a los contenidos del Módulo Formativo que le da título, *Seguridad y salud,* MF0075_2.

Contenidos

1. Legislación aplicable en materia de seguridad y salud
— Normativa relativa a la prevención de riesgos laborales:
- Ley de Prevención de Riesgos Laborales.
- Reglamento de los Servicios de Prevención.
- Normas sectoriales.

— Organización de la prevención.

— Obligaciones en la prevención de riesgos:
- Empresario.
- Trabajador.

— Responsabilidad legal:
- Civil.
- Penal.
- Administrativa.

2. Identificación de los riesgos asociados a la actividad.
— Concepto de riesgo y peligro.

— Accidentes de trabajo y enfermedades profesionales.

— Localización de los riesgos:
  - Foco de emisión.
  - Medio ambiente.
  - Receptor.
— Riesgos por factores organizativos:
  - Organización.
  - Trabajos a turnos.
— Riesgos por factores materiales:
  - Orden y limpieza.
  - Lugares de trabajo.
  - Ventilación y climatización.
  - Ruido.
  - Vibraciones.
  - Iluminación.
— Riesgos por usos de elementos:
  - Herramientas manuales.
  - Manipulación de objetos.
  - De elevación y transporte.
  - Máquinas.
— Riesgos eléctricos:
  - Instalaciones eléctricas.
  - Equipos eléctricos.
— Riesgos por incendios y explosiones:
  - Tipos de fuego.
  - Equipos de detección, alarma y extinción.
  - Agentes extintores.
— Riesgos por usos de sustancias:
  - Vías de entrada y absorción.
  - Tipos de sustancias (físicas, químicas y biológicas).
  - Efectos en el organismo.
— Riesgos por explosión a radiaciones:
  - Radiaciones ionizantes.
  - Radiaciones no ionizantes.
— Riesgos por sobreesfuerzos:
  - Carga física.
  - Carga mental.

3. **Aplicación de medidas preventivas y de protección.**
   — Protección colectiva:
     • Ventilación general o por dilución.
     • Ventilación local o por extracción localizada.
     • Pantallas, tabiques opacos o de vidrio.
     • Barandillas.
     • Redes de prevención, de protección y elásticas.
     • Resguardos fijos o móviles.
     • Dispositivos de protección (mando sensitivo, pantalla móvil, dispositivos sensibles).
   — Equipos de protección individual (EPI):
     • Protección del cráneo (casquete, arnés).
     • Protección de la cara y del aparato visual (pantallas de soldadores, gafas).
     • Protección del aparato auditivo (tapón, orejas, casco).
     • Protección de las extremidades superiores (guantes, manoplas, mitones, entre otros).
     • Protección de las extremidades inferiores (calzado con puntera de seguridad, con plantillas de seguridad, entre otros).
     • Protección de vías respiratorias (dependientes del medio ambiente, independientes del medio ambiente, de autosalvamento).
     • Protección contra agresivos (químicos, térmicos, radiaciones).
     • Prendas de señalización.
     • Protección contra caída en altura (sistemas de sujeción, sistemas anticaídas, dispositivos anticaídas).
   — Señalización:
     • En forma de papel.
     • Luminosa.
     • Acústica.
     • Comunicación verbal.
     • Gestual.
     • Adicional.
   — Planes de emergencia y evacuación:
     • Evaluación del riesgo.
     • Medios de protección.

- Planificación de las acciones de emergencia.
  - Implantación.
- Primeros auxilios:
  - Contenido del botiquín.
  - Intoxicaciones.
  - Traumatismos.
  - Congelaciones o insolaciones.
  - Quemaduras.
  - Contusiones.
  - Heridas.
  - Hemorragia.
  - Picaduras y mordeduras.
- Principios de ergonomía.

1. Legislación aplicable en materia de seguridad y salud

Introducción

El artículo 40.2 de la Constitución española encomienda a los poderes públicos, como uno de los principios rectores de la política social y económica, velar por la seguridad e higiene en el trabajo.

Contenido

1.1. Normativa relativa a la prevención de riesgos laborales

El mandato constitucional conlleva la necesidad de desarrollar una política de protección de la salud de los trabajadores mediante la prevención de los riesgos derivados de su trabajo y encuentra en la presente Ley 31/1995 de Prevención de Riesgos Laborales (en adelante LPRL) su pilar fundamental. En la misma se configura el marco general en el que habrán de desarrollarse las distintas acciones preventivas, en coherencia con las decisiones de la Unión Europea que ha expresado su ambición de mejorar progresivamente las condiciones de trabajo y de conseguir este objetivo de progreso con una armonización paulatina de esas condiciones en los diferentes países europeos.

1.1.1. Ley de Prevención de Riesgos Laborales

La LPRL transpone al Derecho español la citada Directiva, al tiempo que incorpora, al que será nuestro cuerpo básico en esta materia, disposiciones de otras Directivas cuya materia exige o aconseja la transposición en una norma de rango legal, como son las Directivas 92/85/CEE, 94/33/CEE y 91/383/CEE, relativas a la protección de la maternidad y de los jóvenes, y al tratamiento de las relaciones de trabajo temporales, de duración determinada y en empresas de trabajo temporal.

La normativa sobre prevención de riesgos laborales está constituida por la LPRL, sus disposiciones de desarrollo o complementarias y cuantas otras normas, legales o convencionales, contengan prescripciones relativas a la adopción de medidas preventivas en el ámbito laboral o susceptibles de producirlas en dicho ámbito.

La LPRL tiene por objeto promover la seguridad y la salud de los trabajadores mediante la aplicación de medidas y el desarrollo de las actividades necesarias para la prevención de riesgos derivados del trabajo.

A tales efectos, la LPRL establece los principios generales relativos a la prevención de los riesgos profesionales para la protección de la seguridad y de la salud, la eliminación o disminución de los riesgos derivados del trabajo, la información, la consulta, la participación equilibrada y la formación de los trabajadores en materia preventiva, en los términos señalados en la presente disposición.

Para el cumplimiento de dichos fines, la LPRL regula las actuaciones que desarrollar por las Administraciones públicas, así como por los empresarios, los trabajadores y sus respectivas organizaciones representativas.

Las disposiciones de carácter laboral contenidas en la LPRL y en sus normas reglamentarias tendrán en todo caso el carácter de Derecho necesario mínimo indisponible, pudiendo ser mejoradas y desarrolladas en los convenios colectivos.

La LPRL y sus normas de desarrollo serán de aplicación tanto en el ámbito de las relaciones laborales reguladas en el texto refundido de la Ley del Estatuto de los Trabajadores como en el de las relaciones de carácter administrativo o estatutario del personal al servicio de las Administraciones públicas, con las peculiaridades que, en este caso, se contemplan en la LPRL o en sus normas de desarrollo. Ello sin perjuicio del cumplimiento de las obligaciones específicas que se establecen para fabricantes, importadores y suministradores, y de los derechos y obligaciones que puedan derivarse para los trabajadores autónomos. Igualmente, serán aplicables a las sociedades cooperativas, constituidas de acuerdo con la legislación que les sea de aplicación, en las que existan socios cuya actividad consista en la prestación de un trabajo personal, con las peculiaridades derivadas de su normativa específica.

Cuando en la LPRL se haga referencia a trabajadores y empresarios, se entenderán también comprendidos en estos términos, respectivamente, de una parte, el personal con relación de carácter administrativo o estatutario y la Administración pública para la que presta servicios y, de otra, los socios de las cooperativas a que se refiere el párrafo anterior y las sociedades cooperativas para las que prestan sus servicios.

La LPRL no será de aplicación en aquellas actividades cuyas particularidades lo impidan en el ámbito de las funciones públicas de:

- Policía, seguridad y resguardo aduanero.
- Servicios operativos de protección civil y peritaje forense en los casos de grave riesgo, catástrofe y calamidad pública.
- Fuerzas Armadas y actividades militares de la Guardia Civil.

Sin embargo, la LPRL inspirará la normativa específica que se dicte para regular la protección de la seguridad y la salud de los trabajadores que prestan sus servicios en las indicadas actividades.

La LPRL tampoco será de aplicación a la relación laboral de carácter especial del servicio del hogar familiar. No obstante lo anterior, el titular del hogar familiar está obligado a cuidar de que el trabajo de sus empleados se realice en las debidas condiciones de seguridad e higiene.

A efectos de la LPRL y de las normas que la desarrollen:

- Se entenderá por «prevención» el conjunto de actividades o medidas adoptadas o previstas en todas las fases de actividad de la empresa con el fin de evitar o disminuir los riesgos derivados del trabajo.

- Se entenderá como «riesgo laboral» la posibilidad de que un trabajador sufra un determinado daño derivado del trabajo. Para calificar un riesgo desde el punto de vista de su gravedad, se valorarán conjuntamente la probabilidad de que se produzca el daño y la severidad del mismo.

- Se considerarán como «daños derivados del trabajo» las enfermedades, patologías o lesiones sufridas con motivo u ocasión del trabajo.

- Se entenderá como «riesgo laboral grave e inminente» aquel que resulte probable racionalmente que se materialice en un futuro inmediato y pueda suponer un daño grave para la salud de los trabajadores.

  En el caso de exposición a agentes susceptibles de causar daños graves a la salud de los trabajadores, se considerará que existe un riesgo grave e inminente cuando sea probable racionalmente que se materialice en un futuro inmediato una exposición a dichos agentes de la que puedan derivarse daños graves para la salud, aun cuando estos no se manifiesten de forma inmediata.

- Se entenderán como procesos, actividades, operaciones, equipos o productos «potencialmente peligrosos» aquellos que, en ausencia de medidas preventivas específicas, originen riesgos para la seguridad y la salud de los trabajadores que los desarrollan o utilizan.

- Se entenderá como «equipo de trabajo» cualquier máquina, aparato, instrumento o instalación utilizado en el trabajo.

- Se entenderá como «condición de trabajo» cualquier característica del mismo que pueda tener una influencia significativa en la generación de riesgos para la seguridad y la salud del trabajador. Quedan específicamente incluidas en esta definición:

  — Las características generales de los locales, instalaciones, equipos, productos y demás útiles existentes en el centro de trabajo.

  — La naturaleza de los agentes físicos, químicos y biológicos presentes en el ambiente de trabajo y sus correspondientes intensidades, concentraciones o niveles de presencia.

- — Los procedimientos para la utilización de los agentes citados anteriormente que influyan en la generación de los riesgos mencionados.

- — Todas aquellas otras características del trabajo, incluidas las relativas a su organización y ordenación, que influyan en la magnitud de los riesgos a que esté expuesto el trabajador.

- Se entenderá por «equipo de protección individual» cualquier equipo destinado para ser llevado o sujetado por el trabajador para que lo proteja de uno o varios riesgos que puedan amenazar su seguridad o su salud en el trabajo, así como cualquier complemento o accesorio destinado a tal fin.

1.1.2. Reglamento de los Servicios de Prevención

La Ley 31/1995, de 8 de noviembre, ha venido a dar un nuevo enfoque, ya anunciado en su preámbulo, a la prevención de los riesgos laborales, que en la nueva concepción legal no se limita a un conjunto de deberes de obligado cumplimiento empresarial o a la subsanación de situaciones de riesgo ya manifestadas, sino que se integra en el conjunto de actividades y decisiones de la empresa, de las que forma parte desde el comienzo mismo del proyecto empresarial.

La nueva óptica de la prevención se articula así en torno a la planificación de la misma a partir de la evaluación inicial de los riesgos inherentes al trabajo, y la consiguiente adopción de las medidas adecuadas a la naturaleza de los riesgos detectados.

La necesidad de que tales fases o aspectos reciban un tratamiento específico por la vía normativa adecuada aparece prevista en el artículo 6 de la Ley de Prevención de Riesgos Laborales, que indica que el Gobierno procederá a la regulación, a través de la correspondiente norma reglamentaria, de los procedimientos de evaluación de los riesgos para la salud de los trabajadores y de las modalidades de organización, funcionamiento y control de los servicios de prevención, así como de las capacidades y aptitudes que han de reunir dichos servicios y los trabajadores designados para desarrollar la actividad preventiva, exigencia esta última ya contenida en la Directiva 89/391/CEE.

Al cumplimiento del mandato legal responde el Real Decreto 39/1997, de 17 de enero, por el que se aprueba el Reglamento de los Servicios de Prevención, en el que son objeto de tratamiento aquellos aspectos que hacen posible la prevención de los riesgos laborales, desde su nueva perspectiva, como actividad integrada en el conjunto de actuaciones de la empresa y en todos los niveles jerárquicos de la misma, a partir de una planificación que incluya la técnica, la organización y las condiciones de trabajo, presidido todo ello por los mismos principios de eficacia, coordinación y participación que informan la ley.

Se aborda, por ello, en primer término la evaluación de los riesgos, como punto de partida que puede conducir a la planificación de la actividad preventiva que sea necesaria, a través de alguna de las modalidades de organización que, siguiendo al artículo 31 de la LPRL, se regulan en la presente disposición, en función del tamaño de la empresa y de los riesgos o de la peligrosidad de las actividades desarrolladas en la misma.

La idoneidad de la actividad preventiva que, como resultado de la evaluación, haya de adoptar el empresario, queda garantizada a través del doble mecanismo que en la presente disposición se regula: de una parte, la acreditación por la autoridad laboral de los servicios de prevención externos, como forma de garantizar la adecuación de sus medios a las actividades que vayan a desarrollar y, de otra, la auditoría o evaluación externa del sistema de prevención, cuando esta actividad es asumida por el empresario con sus propios medios.

En relación con las capacidades o aptitudes necesarias para el desarrollo de la actividad preventiva, el RD 39/1997 parte de la necesaria adecuación entre la formación requerida y las funciones que desarrollar, estableciendo la formación mínima necesaria para el desempeño de las funciones propias de la actividad preventiva.

1.1.3. Normas sectoriales

En función de los múltiples tipos de riesgos, así como de los sectores productivos presentes en la actividad económica, se ha dictado una serie de normas sectoriales en materia de prevención de riesgos laborales en materias tales como las siguientes:

- Disposiciones mínimas en materia de señalización de seguridad y salud en el trabajo

- Disposiciones mínimas de seguridad y salud en los lugares de trabajo

- Disposiciones mínimas de seguridad y salud relativas a la manipulación manual de cargas que entrañe riesgos, en particular dorso lumbares, para los trabajadores

- Disposiciones mínimas de seguridad y salud relativas al trabajo con equipos que incluyen pantallas de visualización

- Protección de los trabajadores contra los riesgos relacionados con la exposición a agentes biológicos durante el trabajo

- Protección de los trabajadores contra los riesgos relacionados con la exposición a agentes cancerígenos durante el trabajo

- Disposiciones mínimas de seguridad y salud relativas a la utilización por los trabajadores de equipos de protección individual

- Disposiciones mínimas de seguridad y salud para la utilización por los trabajadores de los equipos de trabajo

- Disposiciones mínimas de seguridad y salud en el trabajo a bordo de los buques de pesca

- Disposiciones mínimas destinadas a proteger la seguridad y la salud de los trabajadores en las actividades mineras

- Disposiciones mínimas de seguridad y de salud en las obras de construcción

- Disposiciones mínimas de seguridad y salud en el trabajo en el ámbito de las empresas de trabajo temporal

- Protección de la salud y seguridad de los trabajadores contra los riesgos relacionados con los agentes químicos durante el trabajo

- Disposiciones mínimas para la protección de la salud y seguridad de los trabajadores frente al riesgo eléctrico

- Protección de la salud y la seguridad de los trabajadores expuestos a los riesgos derivados de atmósferas explosivas en el lugar de trabajo

- Protección de la salud y la seguridad de los trabajadores frente a los riesgos derivados o que puedan derivarse de la exposición a vibraciones

- Protección de la salud y la seguridad de los trabajadores contra los riesgos relacionados con la exposición al ruido

- Disposiciones mínimas de seguridad y salud aplicables a los trabajos con riesgo de exposición al amianto

- Protección de la salud y la seguridad de los trabajadores contra los riesgos relacionados con la exposición a radiaciones ópticas artificiales

Existen normas sobre la protección de la salud y seguridad de los trabajadores frente a riesgos específicos, como el eléctrico.

1.2. Organización de la prevención

La organización de los recursos necesarios para el desarrollo de las actividades preventivas se realizará por el empresario con arreglo a alguna de las modalidades siguientes:

- Asumiendo personalmente tal actividad.

- Designando a uno o varios trabajadores para llevarla a cabo.

- Constituyendo un servicio de prevención propio.

- Recurriendo a un servicio de prevención ajeno.

En los términos previstos en el capítulo IV de la Ley 31/1995, de 8 de noviembre, de Prevención de Riesgos Laborales, se entenderá por servicio de prevención propio el conjunto de medios humanos y materiales de la empresa necesarios para la realización de las actividades de prevención, y por servicio de prevención ajeno, el prestado por una entidad especializada que concierte con la empresa la realización de actividades de prevención, el asesoramiento y apoyo que precise en función de los tipos de riesgos o ambas actuaciones conjuntamente.

Los servicios de prevención tendrán carácter interdisciplinario, entendiendo como tal la conjunción coordinada de dos o más disciplinas técnicas o científicas en materia de prevención de riesgos laborales.

- **Asunción personal por el empresario de la actividad preventiva**

  El empresario podrá desarrollar personalmente la actividad de prevención, con excepción de las actividades relativas a la vigilancia de la salud de los trabajadores, cuando concurran las siguientes circunstancias:

  — Que se trate de empresa de hasta diez trabajadores; o que, tratándose de empresa que ocupe hasta veinticinco trabajadores, disponga de un único centro de trabajo.

  — Que las actividades desarrolladas en la empresa no estén incluidas en el anexo I del RD 39/1997.

  — Que desarrolle de forma habitual su actividad profesional en el centro de trabajo.

  — Que tenga la capacidad correspondiente a las funciones preventivas que va a desarrollar, de acuerdo con lo establecido en el capítulo VI del RD 39/1997.

  La vigilancia de la salud de los trabajadores, así como aquellas otras actividades preventivas no asumidas personalmente por el empresario, deberán cubrirse mediante el recurso a alguna de las restantes modalidades de organización preventiva previstas en este capítulo.

  Anexo I del RD 39/1997

  a) Trabajos con exposición a radiaciones ionizantes en zonas controladas según Real Decreto 53/1992, de 24 de enero, sobre protección sanitaria contra radiaciones ionizantes.

  b) Trabajos con exposición a sustancias o mezclas causantes de toxicidad aguda de categorías 1, 2 y 3, y en particular a agentes cancerígenos, mutagénicos o tóxicos para la reproducción, de categorías 1A y 1B, según el Reglamento (CE) n.º 1272/2008, de 16 de diciembre de 2008, sobre clasificación, etiquetado y envasado de sustancias y mezclas.

  c) Actividades en que intervienen productos químicos de alto riesgo y son objeto de la aplicación del Real Decreto 886/1988, de 15 de julio, y sus modificaciones, sobre prevención de accidentes mayores en determinadas actividades industriales.

d) Trabajos con exposición a agentes biológicos de los grupos 3 y 4, según la Directiva 90/679/CEE y sus modificaciones, sobre protección de los trabajadores contra los riesgos relacionados a agentes biológicos durante el trabajo.

e) Actividades de fabricación, manipulación y utilización de explosivos, incluidos los artículos pirotécnicos y otros objetos o instrumentos que contengan explosivos.

f) Trabajos propios de minería a cielo abierto y de interior, y sondeos en superficie terrestre o en plataformas marinas.

g) Actividades en inmersión bajo el agua.

h) Actividades en obras de construcción, excavación, movimientos de tierras y túneles, con riesgo de caída de altura o sepultamiento.

i) Actividades en la industria siderúrgica y en la construcción naval.

j) Producción de gases comprimidos, licuados o disueltos, o utilización significativa de los mismos.

k) Trabajos que produzcan concentraciones elevadas de polvo silíceo.

l) Trabajos con riesgos eléctricos en alta tensión.

- **Designación de trabajadores**

El empresario designará a uno o varios trabajadores para ocuparse de la actividad preventiva en la empresa.

Las actividades preventivas para cuya realización no resulte suficiente la designación de uno o varios trabajadores deberán ser desarrolladas a través de uno o más servicios de prevención propios o ajenos.

No obstante lo dispuesto en el apartado anterior, no será obligatoria la designación de trabajadores cuando el empresario:

— Haya asumido personalmente la actividad preventiva de acuerdo con lo señalado en el artículo 11 del RD 39/1997.

— Haya recurrido a un servicio de prevención propio.

— Haya recurrido a un servicio de prevención ajeno.

Para el desarrollo de la actividad preventiva, los trabajadores designados deberán tener la capacidad correspondiente a las funciones que deben desempeñar, de acuerdo con lo establecido en el capítulo VI del RD 39/1997.

El número de trabajadores designado, así como los medios que el empresario ponga a su disposición y el tiempo de que dispongan para el desempeño de su actividad, deberán ser los necesarios para desarrollar adecuadamente sus funciones.

- **Servicio de prevención propio**

El empresario deberá constituir un servicio de prevención propio cuando concurra alguno de los siguientes supuestos:

— Que se trate de empresas que cuenten con más de 500 trabajadores.

— Que, tratándose de empresas de entre 250 y 500 trabajadores, desarrollen alguna de las actividades incluidas en el anexo I del RD 39/1997.

— Que, tratándose de empresas no incluidas en los apartados anteriores, así lo decida la autoridad laboral, previo informe de la Inspección de Trabajo y Seguridad Social y, en su caso, de los órganos técnicos en materia preventiva de las comunidades autónomas, en función de la peligrosidad de la actividad desarrollada o de la frecuencia o gravedad de la siniestralidad en la empresa, salvo que se opte por el concierto con una entidad especializada ajena a la empresa de conformidad con lo dispuesto en el artículo 16 del RD 39/1997.

Teniendo en cuenta las circunstancias existentes, la resolución de la autoridad laboral fijará un plazo, no superior a un año, para que, en el caso de que se optase por un servicio de prevención propio, la empresa lo constituya en dicho plazo. Hasta la fecha señalada en la resolución, las actividades preventivas en la empresa deberán ser concertadas con una entidad especializada ajena a la empresa, salvo aquellas que vayan siendo asumidas progresivamente por la empresa mediante la designación de trabajadores, hasta su plena integración en el servicio de prevención que se constituya.

El servicio de prevención propio constituirá una unidad organizativa específica y sus integrantes dedicarán, de forma exclusiva, su actividad en la empresa a la finalidad del mismo.

Los servicios de prevención propios deberán contar con las instalaciones, y los medios humanos y materiales necesarios para la realización de las actividades preventivas que vayan a desarrollar en la empresa.

- **Servicios de prevención ajenos**

El empresario deberá recurrir a uno o varios servicios de prevención ajenos, que colaborarán entre sí cuando sea necesario, cuando concurra alguna de las siguientes circunstancias:

— Que la designación de uno o varios trabajadores sea insuficiente para la realización de la actividad de prevención y no concurran las circunstancias que determinan la obligación de constituir un servicio de prevención propio.

— Que en el supuesto a que se refiere el párrafo c) del artículo 14 del RD 39/1997 no se haya optado por la constitución de un servicio de prevención propio.

— Que se haya producido una asunción parcial de la actividad preventiva en los términos previstos en el apartado 2 del artículo 11 y en el apartado 4 del artículo 15 del RD 39/1997.

De conformidad con lo dispuesto en el artículo 33.1 de la Ley 31/1995, de 8 de noviembre, de Prevención de Riesgos Laborales, los representantes de los trabajadores deberán ser consultados por el empresario con carácter previo a la adopción de la decisión de concertar la actividad preventiva con uno o varios servicios de prevención ajenos.

Por otra parte, de conformidad con lo dispuesto en el artículo 39.1.a) de la indicada ley, los criterios que se deben tener en cuenta para la selección de la entidad con la que se vaya a concertar dicho servicio, así como las características técnicas del concierto, se debatirán, y en su caso se acordarán, en el seno del Comité de Seguridad y Salud de la empresa.

1.3. Obligaciones en la prevención de riesgos

La LPRL tiene por objeto la determinación del cuerpo básico de garantías y responsabilidades preciso para establecer un adecuado nivel de protección de la salud de los trabajadores frente a los riesgos derivados de las condiciones de trabajo, y ello en el marco de una política coherente, coordinada y eficaz de prevención de los riesgos laborales.

A partir del reconocimiento del derecho de los trabajadores en el ámbito laboral a la protección de su salud e integridad, la ley establece las diversas obligaciones que, en el ámbito indicado, garantizarán este derecho, así como las actuaciones de las Administraciones públicas que puedan incidir positivamente en la consecución de dicho objetivo.

1.3.1. Empresario

Los trabajadores tienen derecho a una protección eficaz en materia de seguridad y salud en el trabajo.

El citado derecho supone la existencia de un correlativo deber del empresario de protección de los trabajadores frente a los riesgos laborales.

Este deber de protección constituye, igualmente, un deber de las Administraciones públicas respecto del personal a su servicio.

Los derechos de información, consulta y participación, formación en materia preventiva, paralización de la actividad en caso de riesgo grave e inminente, y vigilancia de su estado de salud, en los términos previstos en la LPRL, forman parte del derecho de los trabajadores a una protección eficaz en materia de seguridad y salud en el trabajo.

En cumplimiento del deber de protección, el empresario deberá garantizar la seguridad y la salud de los trabajadores a su servicio en todos los aspectos relacionados con el trabajo. A estos efectos, en el marco de sus responsabilidades, el empresario realizará la prevención de los riesgos laborales mediante la integración de la actividad preventiva en la empresa y la adopción de cuantas medidas sean necesarias para la protección de la seguridad y la salud de los trabajadores, con las especialidades que se recogen en los artículos siguientes en materia de plan de prevención de riesgos laborales, evaluación de riesgos, información, consulta y participación y formación de los trabajadores, actuación en casos de emergencia y de riesgo grave e inminente, vigilancia de la salud, y mediante la constitución de una organización y de los medios necesarios en los términos establecidos en el capítulo IV de la LPRL.

El empresario desarrollará una acción permanente de seguimiento de la actividad preventiva con el fin de perfeccionar de manera continua las actividades de identificación, evaluación y control de los riesgos que no se hayan podido evitar y los niveles de protección existentes y dispondrá lo necesario para la adaptación de las medidas de prevención señaladas en el párrafo anterior a las modificaciones que puedan experimentar las circunstancias que incidan en la realización del trabajo.

El empresario deberá cumplir las obligaciones establecidas en la normativa sobre prevención de riesgos laborales.

Las obligaciones de los trabajadores establecidas en la LPRL, la atribución de funciones en materia de protección y prevención a trabajadores o servicios de la empresa y el recurso al concierto con entidades especializadas para el desarrollo de actividades de prevención complementarán las acciones del empresario, sin que por ello le eximan del cumplimiento de su deber en esta materia, sin perjuicio de las acciones que pueda ejercitar, en su caso, contra cualquier otra persona.

El coste de las medidas relativas a la seguridad y la salud en el trabajo no deberá recaer en modo alguno sobre los trabajadores.

El empresario aplicará las medidas que integran el deber general de prevención previsto previamente, con arreglo a los siguientes principios generales:

- Evitar los riesgos.

- Evaluar los riesgos que no se puedan evitar.

- Combatir los riesgos en su origen.

- Adaptar el trabajo a la persona, en particular en lo que respecta a la concepción de los puestos de trabajo, así como a la elección de los equipos y los métodos de trabajo y de producción, con miras, en particular, a atenuar el trabajo monótono y repetitivo, y a reducir los efectos del mismo en la salud.

- Tener en cuenta la evolución de la técnica.

- Sustituir lo peligroso por lo que entrañe poco o ningún peligro.

- Planificar la prevención, buscando un conjunto coherente que integre en ella la técnica, la organización del trabajo, las condiciones de trabajo, las relaciones sociales y la influencia de los factores ambientales en el trabajo.

- Adoptar medidas que antepongan la protección colectiva a la individual.

- Dar las debidas instrucciones a los trabajadores.

El empresario tomará en consideración las capacidades profesionales de los trabajadores en materia de seguridad y de salud en el momento de encomendarles las tareas.

El empresario adoptará las medidas necesarias a fin de garantizar que solo los trabajadores que hayan recibido información suficiente y adecuada puedan acceder a las zonas de riesgo grave y específico.

La efectividad de las medidas preventivas deberá prever las distracciones o imprudencias no temerarias que pudiera cometer el trabajador. Para su adopción, se tendrán en cuenta los riesgos adicionales que pudieran implicar determinadas medidas preventivas, las cuales solo podrán adoptarse cuando la magnitud de dichos riesgos sea sustancialmente inferior a la de los que se pretende controlar y no existan alternativas más seguras.

Podrán concertar operaciones de seguro que tengan como fin garantizar como ámbito de cobertura la previsión de riesgos derivados del trabajo, la empresa respecto de sus trabajadores, los trabajadores autónomos respecto a ellos mismos y las sociedades cooperativas respecto a sus socios cuya actividad consista en la prestación de su trabajo personal.

1.3.2. Trabajador

Corresponde a cada trabajador velar, según sus posibilidades y mediante el cumplimiento de las medidas de prevención que en cada caso sean adoptadas, por su propia seguridad y salud en el trabajo y por la de aquellas otras personas a las que pueda afectar su actividad profesional, a causa de sus actos y omisiones en el trabajo, de conformidad con su formación y las instrucciones del empresario.

Los trabajadores, con arreglo a su formación y siguiendo las instrucciones del empresario, deberán, en particular:

- Usar adecuadamente, de acuerdo con su naturaleza y los riesgos previsibles, las máquinas, aparatos, herramientas, sustancias peligrosas, equipos de transporte y, en general, cualesquiera otros medios con los que desarrollen su actividad.

- Utilizar correctamente los medios y equipos de protección facilitados por el empresario, de acuerdo con las instrucciones recibidas de este.

- No poner fuera de funcionamiento y utilizar correctamente los dispositivos de seguridad existentes o que se instalen en los medios relacionados con su actividad o en los lugares de trabajo en los que esta tenga lugar.

- Informar de inmediato a su superior jerárquico directo, y a los trabajadores designados para realizar actividades de protección y de prevención o, en su caso, al servicio de prevención, acerca de cualquier situación que, a su juicio, entrañe, por motivos razonables, un riesgo para la seguridad y la salud de los trabajadores.

- Contribuir al cumplimiento de las obligaciones establecidas por la autoridad competente con el fin de proteger la seguridad y la salud de los trabajadores en el trabajo.

- Cooperar con el empresario para que este pueda garantizar unas condiciones de trabajo que sean seguras y no entrañen riesgos para la seguridad y la salud de los trabajadores.

El incumplimiento por los trabajadores de las obligaciones en materia de prevención de riesgos a que se refieren los apartados anteriores tendrá la consideración de incumplimiento laboral a los efectos previstos en el artículo 58.1 del Estatuto de los Trabajadores o de falta, en su caso, conforme a lo establecido en la correspondiente normativa sobre régimen disciplinario de los funcionarios públicos o del personal estatutario al servicio de las Administraciones públicas. Lo dispuesto en este apartado será igualmente aplicable a los socios de las cooperativas cuya actividad consista en la prestación de su trabajo, con las precisiones que se establezcan en sus Reglamentos de Régimen Interno.

1.4. Responsabilidad legal

El incumplimiento de lo dispuesto en la normativa de Prevención de Riesgos Laborales, aunque no se produzca un resultado lesivo para el trabajador, puede dar lugar de forma alternativa o acumulativa, en función del caso concreto, a la aparición de tres clases de responsabilidades: civil, penal y administrativa.

A continuación se describe cada una de ellas, y se dedica también una parte al recargo de prestaciones económicas derivadas de Seguridad Social.

1.4.1. Civil

En cuanto a la responsabilidad civil contractual, el Código Civil señala que quedan sujetos a la indemnización de los daños y perjuicios causados los que en el cumplimiento de sus obligaciones incurrieren en dolo, negligencia o morosidad, y los que de cualquier modo contravinieren al tenor de aquellas.

Las obligaciones que nacen de los contratos tienen fuerza de ley entre las partes contratantes, y deben cumplirse a tenor de los mismos.

Respecto a la responsabilidad civil extracontractual, la misma se materializa en el principio según el cual el que por acción u omisión causa daño a otro, interviniendo culpa o negligencia, no solo por los actos u omisiones propios, sino por los de aquellas personas de quienes se debe responder, está obligado a reparar el daño causado. Así, los dueños o directores de un establecimiento o empresa respecto de los perjuicios causados por sus dependientes en el servicio de los ramos en que los tuvieran empleados, o con ocasión de sus funciones.

El que paga el daño causado por sus dependientes puede repetir de estos lo que hubiese satisfecho.

1.4.2. Penal

Los que con infracción de las normas de prevención de riesgos laborales y estando legalmente obligados, no faciliten los medios necesarios para que los trabajadores desempeñen su actividad con las medidas de seguridad e higiene adecuadas, de forma que pongan en peligro grave su vida, salud o integridad física, serán castigados con las penas de prisión de seis meses a tres años y multa de seis a doce meses.

Cuando el delito a que se refiere el párrafo anterior se cometa por imprudencia grave, serán castigados con la pena inferior en grado.

Cuando los hechos previstos en los artículos de este título se atribuyeran a personas jurídicas, se impondrá la pena señalada a los administradores o encargados del servicio que hayan sido responsables de los mismos y a quienes, conociéndolos y pudiendo remediarlo, no hubieran adoptado medidas para ello. En estos supuestos, la autoridad judicial podrá decretar, además, alguna o algunas de estas medidas:

- Suspensión de sus actividades por un plazo que no podrá exceder de cinco años.

- Clausura de sus locales y establecimientos por un plazo que no podrá exceder de cinco años.

- Prohibición de realizar en el futuro las actividades en cuyo ejercicio se haya cometido, favorecido o encubierto el delito. Esta prohibición podrá ser temporal o definitiva. Si fuere temporal, el plazo no podrá exceder de quince años.

- Inhabilitación para obtener subvenciones y ayudas públicas, para contratar con el sector público y para gozar de beneficios e incentivos fiscales o de la Seguridad Social, por un plazo que no podrá exceder de quince años.

- Intervención judicial para salvaguardar los derechos de los trabajadores o de los acreedores por el tiempo que se estime necesario, que no podrá exceder de cinco años.

La intervención podrá afectar a la totalidad de la organización o limitarse a alguna de sus instalaciones, secciones o unidades de negocio. El juez o tribunal, en la sentencia o, posteriormente, mediante auto, determinará exactamente el contenido de la intervención y determinará quién se hará cargo de la intervención y en qué plazos deberá realizar informes de seguimiento para el órgano judicial. La intervención se podrá modificar o suspender en todo momento previo informe del interventor y del Ministerio Fiscal. El interventor tendrá derecho a acceder a todas las instalaciones y locales de la empresa o persona jurídica y a recibir cuanta información estime necesaria para el ejercicio de sus funciones.

Reglamentariamente, se determinarán los aspectos relacionados con el ejercicio de la función de interventor, como la retribución o la cualificación necesaria.

La clausura temporal de los locales o establecimientos, la suspensión de las actividades sociales y la intervención judicial podrán ser acordadas también por el juez instructor como medida cautelar durante la instrucción de la causa.

1.4.3. Administrativa

Son sujetos responsables de la infracción las personas físicas o jurídicas y las comunidades de bienes que incurran en las acciones u omisiones tipificadas como infracción en la legislación sobre infracciones y sanciones en el orden social y, en particular, las siguientes:

- Las agencias de colocación, las empresas de trabajo temporal y las empresas usuarias respecto de las obligaciones que se establecen en su legislación específica y en la de prevención de riesgos laborales, sin perjuicio de lo establecido en otros números de este artículo.

- Los empresarios titulares de centro de trabajo, los promotores y propietarios de obra y los trabajadores por cuenta propia que incumplan las obligaciones que se deriven de la normativa de prevención de riesgos laborales.

- Las entidades especializadas que actúen como servicios de prevención ajenos a las empresas, las personas o entidades que desarrollen la actividad de auditoría del sistema de prevención de las empresas y las entidades acreditadas para desarrollar y certificar la formación en materia de prevención de riesgos laborales que incumplan las obligaciones establecidas en la normativa sobre dicha materia.

En materia de prevención de riesgos laborales, las infracciones prescribirán: al año, las leves; a los tres años, las graves, y a los cinco años, las muy graves, contados desde la fecha de la infracción.

Son infracciones laborales en materia de prevención de riesgos laborales las acciones u omisiones de los diferentes sujetos responsables que incumplan las normas legales, reglamentarias y cláusulas normativas de los convenios colectivos en materia de seguridad y salud en el trabajo sujetas a responsabilidad conforme a la normativa aplicable.

Las infracciones en materia de prevención de riesgos laborales se clasificarán en:

- Leves.
- Graves.
- Muy graves.

Las sanciones impuestas por infracciones muy graves, una vez firmes, se harán públicas en la forma que se determine reglamentariamente.

Las infracciones, por faltas graves y muy graves de las entidades especializadas que actúen como servicios de prevención ajenos a las empresas, de las personas o entidades que desarrollen la actividad de auditoría del sistema de prevención de las empresas y de las entidades acreditadas para desarrollar o certificar la formación en materia de prevención de riesgos laborales, podrán dar lugar, además de a las multas previstas, a la cancelación de la acreditación otorgada por la autoridad laboral.

Recargo de las prestaciones económicas derivadas de accidente de trabajo o enfermedad profesional:

Todas las prestaciones económicas que tengan su causa en accidente de trabajo o enfermedad profesional se aumentarán, según la gravedad de la falta, de un 30 a un 50 por ciento, cuando la lesión se produzca por equipos de trabajo o en instalaciones, centros o lugares de trabajo que carezcan de los medios de protección reglamentarios, los tengan inutilizados o en malas condiciones, o cuando no se hayan observado las medidas generales o particulares de seguridad y salud en el trabajo, o las de adecuación personal a cada trabajo, habida cuenta de sus características y de la edad, sexo y demás condiciones del trabajador.

La responsabilidad del pago del recargo establecido en el párrafo anterior recaerá directamente sobre el empresario infractor y no podrá ser objeto de seguro alguno, siendo nulo de pleno derecho cualquier pacto o contrato que se realice para cubrirla, compensarla o trasmitirla.

Esta responsabilidad es independiente y compatible con las de todo orden, incluso penal, que puedan derivarse de la infracción.

Cuestionario

1.1. **¿Cuál es el objetivo principal de la Ley 31/1995 de Prevención de Riesgos Laborales (LPRL)?**

   a. Promover la seguridad y salud de los trabajadores.

   b. Incrementar la productividad de los trabajadores.

   c. Reducir el coste de la mano de obra.

1.2. **¿Qué establece el artículo 40.2 de la Constitución española?**

   a. El derecho a la educación.

   b. La necesidad de velar por la seguridad e higiene en el trabajo.

   c. La protección de los menores.

1.3. **¿Qué significa la transposición de Directivas de la Unión Europea en el contexto de la LPRL?**

   a. La eliminación de normas.

   b. La incorporación de normativas europeas al Derecho español.

   c. La creación de nuevas directivas.

1.4. **Dentro de la LPRL, ¿quiénes son responsables de garantizar la protección de los trabajadores frente a los riesgos laborales?**

   a. Solo las Administraciones públicas.

   b. Solo los trabajadores.

   c. Tanto los empresarios como las Administraciones.

1.5. **¿Qué número de trabajadores ha de tener una empresa para que el empresario deberá constituir un servicio de prevención propio?**

   a. 500.

   b. 400.

   c. 300.

1.6. **¿Qué papel tienen los trabajadores en la prevención de riesgos laborales según la LPRL?**

   a. No tienen ninguna obligación.

   b. Deben velar por su propia seguridad y la de sus compañeros.

   c. Solo deben informar a los superiores de los riesgos.

1.7. **¿Qué tipo de evaluación es fundamental para la planificación de la actividad preventiva en las empresas?**

   a. Evaluación de riesgos.

   b. Evaluación de costes.

   c. Evaluación de productividad.

1.8. **¿Qué ocurre si no se cumplen las normativas de prevención de riesgos laborales?**

   a. Solo se imponen sanciones administrativas.

   b. No hay consecuencias legales.

   c. Puede dar lugar a responsabilidades administrativa, penal y civil.

1.9. **¿Cuál es uno de los derechos de los trabajadores en materia de seguridad y salud en el trabajo?**

   a. Derecho a paralizar la actividad por capricho.

   b. Derecho a la información y formación en materia preventiva.

   c. Derecho a decidir sobre las normas de la empresa.

1.10. **¿Qué tipo de actividades tienen regulaciones sectoriales específicas en materia de prevención de riesgos laborales?**

   a. Solo las actividades de oficina.

   b. Actividades de alto riesgo, como la minería y la química.

   c. Solo actividades que no presenten ningún riesgo.

Actividades prácticas

1.1. Eres el dueño de una empresa dedicada a la asesoría fiscal. Cuenta con 8 trabajadores y un único lugar de trabajo. Indica las alternativas de las que dispones para organizar la actividad preventiva y señala las principales ventajas e inconvenientes de cada una de ellas.

1.2. Busca normas sectoriales en materia de prevención de riesgos laborales.

1.3. Busca servicios de prevención ajenos en tu zona de residencia y observa las diferencias existentes entre los servicios que prestan a las empresas.

2. Identificación de los riesgos asociados a la actividad

Introducción

Es fundamental que, dentro de cada una de las actividades laborales que se desarrollen, se identifiquen de forma precisa los riesgos que se encuentran presentes para prevenirlos del modo más eficaz.

Contenido

2.1. Concepto de riesgo y peligro

Se define como peligro todo aquel elemento o factor que tiene la capacidad de producir un daño en la calidad de la vida o la salud de una persona.

Para llevar a cabo la identificación de peligros deben plantearse tres cuestiones:

- ¿Está presente una fuente de daño?

- ¿Quién (o qué) puede ser dañado?

- ¿De qué forma puede ocurrir el daño?

Entre la lista de peligros caben destacar los siguientes:

- Golpes y cortes.

- Caídas al mismo nivel.

- Caídas de personas a distinto nivel.

- Caídas de herramientas, materiales, etc., desde altura.

- Espacio inadecuado.

- Peligros asociados con manejo manual de cargas.

- Peligros en las instalaciones y en las máquinas asociados con el montaje, la consignación, la operación, el mantenimiento, la modificación, la reparación y el desmontaje.

- Peligros de los vehículos, tanto en el transporte interno como el transporte por carretera.

- Incendios y explosiones.

- Sustancias que pueden inhalarse.

- Sustancias o agentes que pueden dañar los ojos.

- Sustancias que pueden causar daño por el contacto o la absorción por la piel.

- Sustancias que pueden causar daños al ser ingeridas.

- Energías peligrosas (por ejemplo: electricidad, radiaciones, ruido y vibraciones).

- Trastornos musculoesqueléticos derivados de movimientos repetitivos.

- Ambiente térmico inadecuado.

- Condiciones de iluminación inadecuadas.
- Barandillas inadecuadas en escaleras.

Se entenderá como «riesgo laboral» la posibilidad de que un trabajador sufra un determinado daño derivado del trabajo. Para calificar un riesgo desde el punto de vista de su gravedad, se valorarán conjuntamente la probabilidad de que se produzca el daño y la severidad del mismo.

2.2. Accidentes de trabajo y enfermedades profesionales

Se entiende por accidente de trabajo toda lesión corporal que el trabajador sufra con ocasión o por consecuencia del trabajo que ejecute por cuenta ajena.

Tendrán la consideración de accidentes de trabajo:

- Los que sufra el trabajador al ir o al volver del lugar de trabajo.
- Los que sufra el trabajador con ocasión o como consecuencia del desempeño de cargos electivos de carácter sindical, así como los ocurridos al ir o al volver del lugar en que se ejerciten las funciones propias de dichos cargos.
- Los ocurridos con ocasión o por consecuencia de las tareas que, aun siendo distintas a las de su grupo profesional, ejecute el trabajador en cumplimiento de las órdenes del empresario o espontáneamente en interés del buen funcionamiento de la empresa.
- Los acaecidos en actos de salvamento y en otros de naturaleza análoga, cuando unos y otros tengan conexión con el trabajo.
- Las enfermedades que, no siendo consideradas como profesionales, contraiga el trabajador con motivo de la realización de su trabajo, siempre que se pruebe que la enfermedad tuvo por causa exclusiva la ejecución del mismo.
- Las enfermedades o defectos padecidos con anterioridad por el trabajador que se agraven como consecuencia de la lesión constitutiva del accidente.
- Las consecuencias del accidente que resulten modificadas en su naturaleza, duración, gravedad o terminación, por enfermedades intercurrentes, que constituyan complicaciones derivadas del proceso patológico determinado por el accidente mismo o tengan su origen en afecciones adquiridas en el nuevo medio en que se haya situado el paciente para su curación.

Se presumirá, salvo prueba en contrario, que son constitutivas de accidente de trabajo las lesiones que sufra el trabajador durante el tiempo y en el lugar del trabajo.

No obstante lo establecido en los apartados anteriores, no tendrán la consideración de accidente de trabajo:

- Los que sean debidos a fuerza mayor extraña al trabajo, entendiéndose por esta la que sea de tal naturaleza que no guarde relación alguna con el trabajo que se ejecutaba al ocurrir el accidente.

  En ningún caso se considerará fuerza mayor extraña al trabajo la insolación, el rayo y otros fenómenos análogos de la naturaleza.

- Los que sean debidos a dolo o a imprudencia temeraria del trabajador accidentado.

No impedirán la calificación de un accidente como de trabajo:

- La imprudencia profesional que sea consecuencia del ejercicio habitual de un trabajo y se derive de la confianza que este inspira.

- La concurrencia de culpabilidad civil o criminal del empresario, de un compañero de trabajo del accidentado o de un tercero, salvo que no guarde relación alguna con el trabajo.

Se entenderá por enfermedad profesional la contraída a consecuencia del trabajo ejecutado por cuenta ajena en las actividades que se especifiquen en el Real Decreto 1299/2006, de 10 de noviembre, por el que se aprueba el cuadro de enfermedades profesionales en el sistema de la Seguridad Social y se establecen criterios para su notificación y registro, y que esté provocada por la acción de los elementos o sustancias que en dicho cuadro se indiquen para cada enfermedad profesional.

En tales disposiciones se establecerá el procedimiento que haya de observarse para la inclusión en dicho cuadro de nuevas enfermedades profesionales que se estime deban ser incorporadas al mismo.

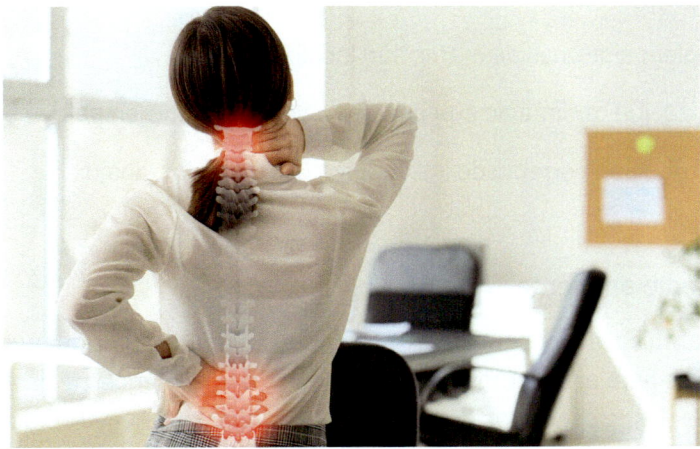

Prevenir las enfermedades profesionales es un objetivo que alcanzar por las empresas.

2.3. Localización de los riesgos

Los riesgos han de ser identificados y localizados para poder ser eliminados y, en su caso, reducidos, aplicando las correspondientes técnicas de prevención de riesgos laborales.

2.3.1. Foco de emisión

El control del riesgo tiene como uno de sus elementos fundamentales la reducción del riesgo en el foco de emisión. Para ello, será preciso conocer con detenimiento el proceso de producción de bienes o servicios de que se trate con el objetivo de determinar de forma precisa los medios de control que aplicar.

Las principales medidas de control relativas al foco de emisión son las siguientes:

- Diseñar el proceso productivo de modo que se limite el peligro derivado del mismo mediante las actuaciones que sea necesario implementar, como aislar los elementos productores de elementos tóxicos.

- Sustituir los productos tóxicos por otros que lo sean en menor medida.

- Modificar los procesos de producción que ya están en funcionamiento por otros que impliquen una menor producción de elementos contaminantes.

- Proceder al aislamiento de procesos productivos con el objeto de que los trabajadores no se vean afectados por factores tales como ruidos o sustancias químicas.

- Emplear métodos húmedos sobre la fuente de contaminación.

- Emplear sistemas de extracción localizada.

- Utilización mínima de equipos de trabajo que generen peligro o ruido.

- Distribución correcta de los equipos y locales de trabajo.

2.3.2. Medio ambiente

El medio ambiente en el que se lleva a cabo la actividad laboral puede producir perjuicios para el ser humano. Ello es debido a la presencia de determinados factores de riesgo con capacidad para causar alteraciones en el estado de salud de las personas que se encuentran expuestas a ellos.

En muchas ocasiones, estos factores de riesgo (que son conocidos como contaminantes higiénicos) aparecen como consecuencia de la actividad productiva, o se agravan por la misma, y esto se debe a las alteraciones que esa actividad genera sobre el entorno en el que se lleva a cabo.

De este modo, los contaminantes higiénicos influyen en la salud de los trabajadores, produciendo tanto las enfermedades de origen laboral como las enfermedades profesionales. Y es la higiene industrial, la disciplina de la prevención de riesgos laborales, la que buscará evitar y prevenir las enfermedades que tienen su origen en el trabajo.

Los efectos que provocan los contaminantes sobre la salud de los trabajadores que están expuestos están muy vinculados con sus intensidades, concentraciones o niveles de presencia, aspectos que resultan medibles para cada situación.

El procedimiento general de actuación en higiene industrial puede sintetizarse en cuatro tipos diferentes de acciones:

- Identificación de los factores de riesgo que se encuentran presentes en los lugares de trabajo.

- Evaluación de los riesgos tras realizar las correspondientes mediciones higiénicas. Propuesta y puesta en práctica de acciones correctoras.

- Verificación de su implantación.

- Control periódico de su eficacia.

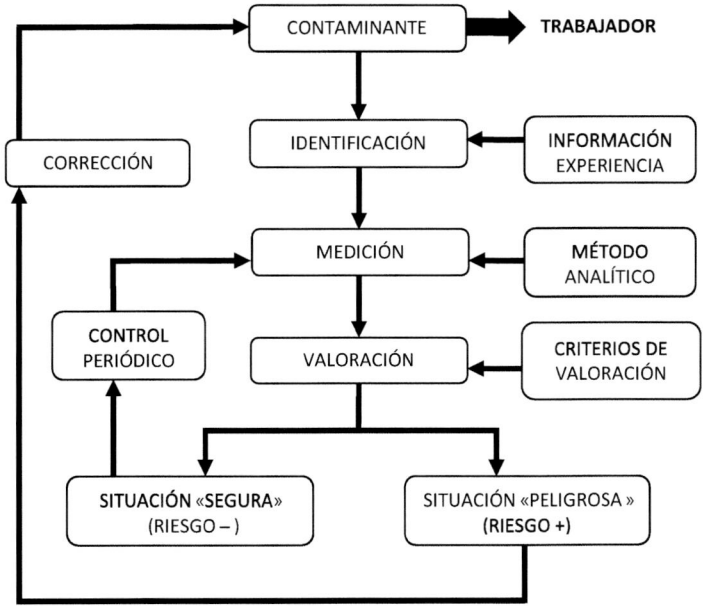

Procedimiento de actuación en materia de higiene industrial. Fuente: INSHT.

2.3.3. Receptor

En los supuestos en que sea preciso actuar sobre el receptor, han de tenerse presentes los siguientes factores para que la intervención sea eficaz:

- **Formación e información**

  Es de uno de los aspectos básicos de la actividad preventiva. Además, se trata de un derecho del trabajador y un deber correspondiente del empresario. Resulta imprescindible que los trabajadores tengan los conocimientos necesarios para identificar los riesgos derivados de su trabajo y que conozcan y tengan la capacidad de adoptar las medidas correctas para evitarlos.

- **Rotación de puestos, realización de pausas**

  Con estas actuaciones no se logra evitar que el contaminante higiénico se produzca, ni que se extienda hasta el trabajador. No obstante, permite la reducción del tiempo de exposición, lo que, adicionalmente, consigue disminuir la exposición y, vinculado a ello, el riesgo. Tiene el carácter de medida complementaria.

- **Encerramiento del trabajador**

  El objetivo es aislar al trabajador del entorno que se encuentra contaminado de modo inverso al encerramiento de los procesos o al aislamiento de la maquinaria o el equipo de trabajo. Algunas veces puede resultar problemático, dado que puede influir de forma negativa en las necesidades de relación entre el trabajador y sus compañeros.

- **Uso de equipos de protección individual**

  En algunas situaciones pueden resultar imprescindibles, aunque siempre ha de considerarse como el último recurso. El empresario deberá facilitar los EPI adecuados a las tareas a desarrollar. Los equipos de protección individual habrán de contar con marcado CE y manual de instrucciones del fabricante, debiendo emplearse de conformidad con el mismo.

2.4. Riesgos por factores organizativos

Los factores psicosociales en el trabajo consisten en las interacciones entre el trabajo, el medio ambiente, el grado de satisfacción laboral y las condiciones de organización por una parte y, por otra, la capacidad de los trabajadores, sus necesidades, su cultura y su situación personal fuera del trabajo, todo lo cual puede influir en la salud, el rendimiento y la satisfacción en el desempeño de la tarea. La organización laboral puede ser un factor generador de riesgos laborales.

2.4.1. Organización

La ergonomía organizacional se centra en lograr la optimización de elementos técnicos en una empresa, entre los que se incluyen las estructuras organizacionales, los procesos productivos y las políticas de gestión de la empresa.

Entre los factores que aborda la ergonomía organizacional se encuentran los siguientes:

- El trabajo en equipo.
- La participación de la integridad de los trabajadores.
- La integración de todos los niveles jerárquicos de la empresa.
- La comunicación.
- Los elementos psicosociales del puesto de trabajo.
- El diseño y definición de las tareas laborales.
- La organización de la jornada laboral.
- El aseguramiento de la calidad.
- La introducción de las nuevas tecnologías en el proceso productivo.
- La gestión de recursos humanos.

El objetivo de la ergonomía organizacional es solucionar las acciones existentes entre el trabajador y la totalidad del entorno laboral. Si bien se trata de un aspecto de la prevención de riesgos laborales que, en ocasiones, no se valora adecuadamente debido a que su medición objetiva es más compleja, debe indicarse que los efectos sobre la satisfacción del trabajador y el incremento del trabajador son significativos.

En este sentido, los principales beneficios derivados de la aplicación de los principios de la ergonomía organizacional son los siguientes:

- Reducción de los errores que aparecen en la actividad productiva de la empresa.
- Incremento del confort laboral del puesto de trabajo.
- Simplificación de las actividades y tareas desarrolladas por la empresa.
- Aumento de la productividad.
- Mejora de las estadísticas de accidentabilidad y sinestrabilidad.

2.4.2. Trabajos a turnos

El tiempo de trabajo es uno de los factores de las condiciones de trabajo que implica una repercusión más importante sobre la vida diaria. El número de horas que se trabajan, así como la distribución, puede afectar tanto a la calidad de vida en el trabajo como a la vida personal.

Desde el momento en que la distribución del tiempo libre es utilizable para el ocio, la vida familiar y las actividades sociales se convierten en un elemento con gran influencia en el bienestar de los trabajadores.

Legalmente, en el Estatuto de los Trabajadores, el trabajo a turnos es definido como «toda forma de organización del trabajo en equipo según la cual los trabajadores ocupan sucesivamente los mismos puestos de trabajo, según un cierto ritmo, continuo o discontinuo, implicando para el trabajador la necesidad de prestar sus servicios en horas diferentes en un período determinado de días o de semanas». Por otra parte, se define trabajo nocturno como el que tiene lugar «entre las 10 de la noche y las 6 de la mañana» y se considera trabajador nocturno al que «invierte no menos de tres horas de su trabajo diario o al menos una tercera parte de su jornada anual en este tipo de horario».

Los efectos negativos del turno de noche sobre la salud de los trabajadores se dan en múltiples niveles. De un lado, se ve modificado el equilibrio biológico por el desfase de los ritmos corporales y por las alteraciones en los hábitos alimentarios. Adicionalmente, se producen perturbaciones en la vida familiar y social.

Desde el punto de vista de la ergonomía, han de tenerse presentes estas consecuencias y diseñar el trabajo a turnos de modo que sea lo menos nocivo posible para la salud de los trabajadores que se hallen en dicha situación.

- **Ritmos circadianos**

  El organismo humano tiene una serie de ritmos biológicos, es decir, que las funciones fisiológicas mantienen unas repeticiones cíclicas y regulares. Dichos ritmos se clasifican en ultradianos si son superiores a 24 horas; circadianos o nictamerales si siguen un ritmo de 24 horas; o infradianos si su ciclo es inferior a las 24 horas.

  Los ritmos circadianos son los que más sufren las alteraciones y, por tanto, los más vinculados con el trabajo a turnos. Estos ritmos biológicos coinciden con los estados de vigilia y sueño, teniendo la mayoría de ellos un mayor grado de actividad durante el día que durante la noche.

- **Deterioro de la salud física**

    Este puede manifestarse por alteración de los hábitos de alimentación y, a largo plazo, en alteraciones de superior gravedad, por ejemplo, neuropsíquicas, gastrointestinales y cardiovasculares. Los trabajadores requieren al menos tres comidas diarias, algunas de ellas calientes, con un determinado aporte de calorías y que sean tomadas a una hora más o menos regular. El horario de trabajo afecta a la cantidad, calidad y ritmo de las comidas.

- **Ritmo biológico del sueño**

    El sueño está integrado por dos fases: una de sueño lento y una de sueño rápido. Durante la primera fase existe un período inicial de sueño ligero y un segundo período de sueño profundo, en el que disminuyen las constantes fisiológicas y el tono muscular. Esta fase del sueño facilita la recuperación física del organismo.

- **Actividades de la vida cotidiana**

    Se encuentran organizadas teniendo presente a las personas que trabajan en los horarios más frecuentes. Dado que el ser humano es diurno, la sociedad es, igualmente, una cultura diurna, cuyas actividades cotidianas cuentan con una programación social por bloques de tiempo; por ejemplo, entre la medianoche y la seis de la madrugada la mayoría de las personas duermen; las tardes, las noches o los fines de semana son utilizados para la interacción familiar y social.

- **Baja actividad del organismo**

    Durante la noche disminuye la actividad del organismo y se incrementa la probabilidad de que los trabajadores nocturnos acumulen fatiga debido a un sueño deficiente, que hace que se produzca una diversidad de repercusiones negativas sobre la forma en que se efectúa el trabajo: incremento de los errores, dificultad para mantener la atención, de percibir adecuadamente la información o de actuar con rapidez.

2.5. Riesgos por factores materiales

En los siguientes epígrafes del manual se aborda una serie de factores generadores de riesgos laborales, tales como el orden y limpieza, los lugares de trabajo, la ventilación y climatización, el ruido, las vibraciones y la iluminación. Muchos de ellos se integran en el campo de actuación de la higiene industrial.

2.5.1. Orden y limpieza

Las zonas de paso, salidas y vías de circulación de los lugares de trabajo y, en especial, las salidas y vías de circulación previstas para la evacuación en casos de emergencia, deberán permanecer libres de obstáculos de forma que sea posible utilizarlas sin dificultades en todo momento.

Los lugares de trabajo, incluidos los locales de servicio, y sus respectivos equipos e instalaciones, se limpiarán periódicamente y siempre que sea necesario para mantenerlos en todo momento en condiciones higiénicas adecuadas. A tal fin, las características de los suelos, techos y paredes serán tales que permitan dicha limpieza y mantenimiento.

Se eliminarán con rapidez los desperdicios, las manchas de grasa, los residuos de sustancias peligrosas y demás productos residuales que puedan originar accidentes o contaminar el ambiente de trabajo.

Las operaciones de limpieza no deberán constituir por sí mismas una fuente de riesgo para los trabajadores que las efectúen o para terceros, realizándose a tal fin en los momentos, de la forma y con los medios más adecuados.

Los lugares de trabajo y, en particular, sus instalaciones, deberán ser objeto de un mantenimiento periódico, de forma que sus condiciones de funcionamiento satisfagan siempre las especificaciones del proyecto, subsanándose con rapidez las deficiencias que puedan afectar a la seguridad y salud de los trabajadores.

Si se utiliza una instalación de ventilación, deberá mantenerse en buen estado de funcionamiento y un sistema de control deberá indicar toda avería siempre que sea necesario para la salud de los trabajadores.

En el caso de las instalaciones de protección, el mantenimiento deberá incluir el control de su funcionamiento.

2.5.2. Lugares de trabajo

- **Seguridad estructural**

    Los edificios y locales de los lugares de trabajo deberán poseer la estructura y solidez apropiadas a su tipo de utilización. Para las condiciones de uso previstas, todos sus elementos, estructurales o de servicio, incluidas las plataformas de trabajo, escaleras y escalas, deberán:

    — Tener la solidez y la resistencia necesarias para soportar las cargas o esfuerzos a que sean sometidos.

— Disponer de un sistema de armado, sujeción o apoyo que asegure su estabilidad.

Se prohíbe sobrecargar los elementos citados en el apartado anterior. El acceso a techos o cubiertas que no ofrezcan suficientes garantías de resistencia solo podrá autorizarse cuando se proporcionen los equipos necesarios para que el trabajo pueda realizarse de forma segura.

- **Espacios de trabajo y zonas peligrosas**

  Las dimensiones de los locales de trabajo deberán permitir que los trabajadores realicen su trabajo sin riesgos para su seguridad y salud, y en condiciones ergonómicas aceptables. Sus dimensiones mínimas serán las siguientes:

  — 3 metros de altura desde el piso hasta el techo. No obstante, en locales comerciales, de servicios, oficinas y despachos, la altura podrá reducirse a 2,5 metros.

  — 2 metros cuadrados de superficie libre por trabajador.

  — 10 metros cúbicos, no ocupados, por trabajador.

  La separación entre los elementos materiales existentes en el puesto de trabajo será suficiente para que los trabajadores puedan ejecutar su labor en condiciones de seguridad, salud y bienestar. Cuando por razones inherentes al puesto de trabajo, el espacio libre disponible no permita que el trabajador tenga la libertad de movimientos necesaria para desarrollar su actividad, deberá disponer de espacio adicional suficiente en las proximidades del puesto de trabajo.

  Deberán tomarse las medidas adecuadas para la protección de los trabajadores autorizados a acceder a las zonas de los lugares de trabajo donde la seguridad de los trabajadores pueda verse afectada por riesgos de caída, caída de objetos y contacto o exposición a elementos agresivos. Asimismo, deberá disponerse, en la medida de lo posible, de un sistema que impida que los trabajadores no autorizados puedan acceder a dichas zonas.

  Las zonas de los lugares de trabajo en las que exista riesgo de caída, de caída de objetos o de contacto o exposición a elementos agresivos, deberán estar claramente señalizadas.

- **Suelos, aberturas y desniveles, y barandillas**

  Los suelos de los locales de trabajo deberán ser fijos, estables y no resbaladizos, sin irregularidades ni pendientes peligrosas.

  Las aberturas o desniveles que supongan un riesgo de caída de personas se protegerán mediante barandillas u otros sistemas de protección de seguridad equivalente, que podrán tener partes móviles cuando sea necesario disponer de acceso a la abertura. Deberán protegerse, en particular:

  — Las aberturas en los suelos.

  — Las aberturas en paredes o tabiques, siempre que su situación y dimensiones supongan riesgo de caída de personas, y las plataformas, muelles o estructuras similares. La protección no será obligatoria si la altura de caída es inferior a 2 metros.

  — Los lados abiertos de las escaleras y rampas de más de 60 centímetros de altura. Los lados cerrados tendrán un pasamanos, a una altura mínima de 90 centímetros, si la anchura de la escalera es mayor de 1,2 metros; si es menor, pero ambos lados son cerrados, al menos uno de los dos llevará pasamanos.

  Las barandillas serán de materiales rígidos, tendrán una altura mínima de 90 centímetros y dispondrán de una protección que impida el paso o deslizamiento por debajo de las mismas o la caída de objetos sobre personas.

- **Tabiques, ventanas y vanos**

  Los tabiques transparentes o translúcidos y, en especial, los tabiques acristalados situados en los locales o en las proximidades de los puestos de trabajo y vías de circulación deberán estar claramente señalizados y fabricados con materiales seguros, o bien estar separados de dichos puestos y vías para impedir que los trabajadores puedan golpearse con los mismos o lesionarse en caso de rotura.

  Los trabajadores deberán poder realizar de forma segura las operaciones de abertura, cierre, ajuste o fijación de ventanas, vanos de iluminación cenital y dispositivos de ventilación. Cuando estén abiertos, no deberán colocarse de tal forma que puedan constituir un riesgo para los trabajadores.

Las ventanas y vanos de iluminación cenital deberán poder limpiarse sin riesgo para los trabajadores que realicen esta tarea o para los que se encuentren en el edificio y sus alrededores. Para ello, deberán estar dotados de los dispositivos necesarios o haber sido proyectados integrando los sistemas de limpieza.

- **Vías de circulación**

Las vías de circulación de los lugares de trabajo, tanto las situadas en el exterior de los edificios y locales como en el interior de los mismos, incluidas las puertas, pasillos, escaleras, escalas fijas, rampas y muelles de carga, deberán poder utilizarse conforme a su uso previsto, de forma fácil y con total seguridad para los peatones o vehículos que circulen por ellas y para el personal que trabaje en sus proximidades.

A efectos de lo dispuesto en el apartado anterior, el número, situación, dimensiones y condiciones constructivas de las vías de circulación de personas o de materiales deberán adecuarse al número potencial de usuarios y a las características de la actividad y del lugar de trabajo.

En el caso de los muelles y rampas de carga deberá tenerse especialmente en cuenta la dimensión de las cargas transportadas.

La anchura mínima de las puertas exteriores y de los pasillos será de 80 centímetros y 1 metro, respectivamente.

La anchura de las vías por las que puedan circular medios de transporte y peatones deberá permitir su paso simultáneo con una separación de seguridad suficiente.

Las vías de circulación destinadas a vehículos deberán pasar a una distancia suficiente de las puertas, portones, zonas de circulación de peatones, pasillos y escaleras.

Los muelles de carga deberán tener al menos una salida, o una en cada extremo cuando tengan gran longitud y sea técnicamente posible.

Siempre que sea necesario para garantizar la seguridad de los trabajadores, el trazado de las vías de circulación deberá estar claramente señalizado.

- **Puertas y portones**

Las puertas transparentes deberán tener una señalización a la altura de la vista.

Las superficies transparentes o translúcidas de las puertas y portones que no sean de material de seguridad deberán protegerse contra la rotura cuando esta pueda suponer un peligro para los trabajadores.

Las puertas y portones de vaivén deberán ser transparentes o tener partes transparentes que permitan la visibilidad de la zona a la que se accede.

Las puertas correderas deberán ir provistas de un sistema de seguridad que les impida salirse de los carriles y caer.

Las puertas y portones que se abran hacia arriba estarán dotados de un sistema de seguridad que impida su caída.

Las puertas y portones mecánicos deberán funcionar sin riesgo para los trabajadores. Tendrán dispositivos de parada de emergencia de fácil identificación y acceso, y podrán abrirse de forma manual, salvo si se abren automáticamente en caso de avería del sistema de emergencia.

Las puertas de acceso a las escaleras no se abrirán directamente sobre sus escalones, sino sobre descansos de anchura al menos igual a la de aquellos.

Los portones destinados básicamente a la circulación de vehículos deberán poder ser utilizados por los peatones sin riesgos para su seguridad, o bien deberán disponer en su proximidad inmediata de puertas destinadas a tal fin, expeditas y claramente señalizadas.

- **Rampas, escaleras fijas y de servicio**

   Los pavimentos de las rampas, escaleras y plataformas de trabajo serán de materiales no resbaladizos o dispondrán de elementos antideslizantes.

   En las escaleras o plataformas con pavimentos perforados, la abertura máxima de los intersticios será de 8 milímetros.

   Las rampas tendrán una pendiente máxima del 12 % cuando su longitud sea menor que 3 metros, del 10 % cuando su longitud sea menor que 10 metros o del 8 % en el resto de los casos.

   Las escaleras tendrán una anchura mínima de 1 metro, excepto en las de servicio, que será de 55 centímetros.

   Los peldaños de una escalera tendrán las mismas dimensiones. Se prohíben las escaleras de caracol excepto si son de servicio.

Los escalones de las escaleras que no sean de servicio tendrán una huella comprendida entre 23 y 36 centímetros, y una contrahuella entre 13 y 20 centímetros. Los escalones de las escaleras de servicio tendrán una huella mínima de 15 centímetros y una contrahuella máxima de 25 centímetros.

La altura máxima entre los descansos de las escaleras será de 3,7 metros. La profundidad de los descansos intermedios, medida en dirección a la escalera, no será menor que la mitad de la anchura de esta, ni de 1 metro. El espacio libre vertical desde los peldaños no será inferior a 2,2 metros.

Las escaleras mecánicas y cintas rodantes deberán tener las condiciones de funcionamiento y dispositivos necesarios para garantizar la seguridad de los trabajadores que las utilicen. Sus dispositivos de parada de emergencia serán fácilmente identificables y accesibles.

- **Escalas fijas**

  La anchura mínima de las escalas fijas será de 40 centímetros y la distancia máxima entre peldaños de 30 centímetros.

  En las escalas fijas la distancia entre el frente de los escalones y las paredes más próximas al lado del ascensor será, por lo menos, de 75 centímetros. La distancia mínima entre la parte posterior de los escalones y el objeto fijo más próximo será de 16 centímetros. Habrá un espacio libre de 40 centímetros a ambos lados del eje de la escala si no está provista de jaulas u otros dispositivos equivalentes.

  Cuando el paso desde el tramo final de una escala fija hasta la superficie a la que se desea acceder suponga un riesgo de caída por falta de apoyos, la barandilla o lateral de la escala se prolongará al menos un metro por encima del último peldaño o se tomarán medidas alternativas que proporcionen una seguridad equivalente.

  Las escalas fijas que tengan una altura superior a 4 metros dispondrán, al menos a partir de dicha altura, de una protección circundante. Esta medida no será necesaria en conductos, pozos angostos y otras instalaciones que, por su configuración, ya proporcionen dicha protección.

  Si se emplean escalas fijas para alturas mayores de 9 metros, se instalarán plataformas de descanso cada 9 metros o fracción.

  Las escaleras de mano de los lugares de trabajo deberán ajustarse a lo establecido en su normativa específica.

- **Vías y salidas de evacuación**

  Las vías y salidas de evacuación, así como las vías de circulación y las puertas que den acceso a ellas, se ajustarán a lo dispuesto en su normativa específica.

  En todo caso, a salvo de disposiciones específicas de la normativa citada, dichas vías y salidas deberán satisfacer las condiciones que se establecen en los siguientes puntos de este apartado.

  Las vías y salidas de evacuación deberán permanecer expeditas y desembocar lo más directamente posible en el exterior o en una zona de seguridad.

  En caso de peligro, los trabajadores deberán poder evacuar todos los lugares de trabajo rápidamente y en condiciones de máxima seguridad.

  El número, la distribución y las dimensiones de las vías y salidas de evacuación dependerán del uso, de los equipos y de las dimensiones de los lugares de trabajo, así como del número máximo de personas que puedan estar presentes en los mismos.

  Las puertas de emergencia deberán abrirse hacia el exterior y no deberán estar cerradas, de forma que cualquier persona que necesite utilizarlas en caso de urgencia pueda abrirlas fácil e inmediatamente. Estarán prohibidas las puertas específicamente de emergencia que sean correderas o giratorias.

  Las puertas situadas en los recorridos de las vías de evacuación deberán estar señalizadas de manera adecuada. Se deberán poder abrir en cualquier momento desde el interior sin ayuda especial. Cuando los lugares de trabajo estén ocupados, las puertas deberán poder abrirse.

  Las vías y salidas específicas de evacuación deberán señalizarse conforme a lo establecido en la normativa sobre disposiciones mínimas de señalización de seguridad y salud en el trabajo. Esta señalización deberá fijarse en los lugares adecuados y ser duradera.

  Las vías y salidas de evacuación, así como las vías de circulación que den acceso a ellas, no deberán estar obstruidas por ningún objeto de manera que puedan utilizarse sin trabas en cualquier momento. Las puertas de emergencia no deberán cerrarse con llave.

  En caso de avería de la iluminación, las vías y salidas de evacuación que requieran iluminación deberán estar equipadas con iluminación de seguridad de suficiente intensidad.

- **Condiciones de protección contra incendios**

  Los lugares de trabajo deberán ajustarse a lo dispuesto en la normativa que resulte de aplicación sobre condiciones de protección contra incendios.

  Las empresas deben contar con equipos de protección contra incendios ajustados a sus circunstancias concretas.

  En todo caso, a salvo de disposiciones específicas de la normativa citada, dichos lugares deberán satisfacer las condiciones que se señalan en los siguientes puntos de este apartado.

  Según las dimensiones y el uso de los edificios, los equipos, las características físicas y químicas de las sustancias existentes, así como el número máximo de personas que puedan estar presentes, los lugares de trabajo deberán estar equipados con dispositivos adecuados para combatir los incendios y, si fuere necesario, con detectores contra incendios y sistemas de alarma.

  Los dispositivos no automáticos de lucha contra los incendios deberán ser de fácil acceso y manipulación. Dichos dispositivos deberán señalizarse conforme a lo dispuesto en la normativa sobre disposiciones mínimas de señalización de seguridad y salud en el trabajo. Dicha señalización deberá fijarse en los lugares adecuados y ser duradera.

- **Instalación eléctrica**

  La instalación eléctrica de los lugares de trabajo deberá ajustarse a lo dispuesto en su normativa específica.

  En todo caso, a salvo de disposiciones específicas de la normativa citada, dicha instalación deberá satisfacer las condiciones que se señalan en los siguientes puntos de este apartado.

La instalación eléctrica no deberá entrañar riesgos de incendio o explosión. Los trabajadores deberán estar debidamente protegidos contra los riesgos de accidente causados por contactos directos o indirectos.

La instalación eléctrica y los dispositivos de protección deberán tener en cuenta la tensión, los factores externos condicionantes y la competencia de las personas que tengan acceso a partes de la instalación.

- **Minusválidos**

  Los lugares de trabajo y, en particular, las puertas, vías de circulación, escaleras, servicios higiénicos y puestos de trabajo, utilizados u ocupados por trabajadores minusválidos, deberán estar acondicionados para que dichos trabajadores puedan utilizarlos.

2.5.3. Ventilación y climatización

La exposición a las condiciones ambientales de los lugares de trabajo no debe suponer un riesgo para la seguridad y la salud de los trabajadores.

Asimismo, y en la medida de lo posible, las condiciones ambientales de los lugares de trabajo no deben constituir una fuente de incomodidad o molestia para los trabajadores. A tal efecto, deberán evitarse las temperaturas y las humedades extremas, los cambios bruscos de temperatura, las corrientes de aire molestas, los olores desagradables, la irradiación excesiva y, en particular, la radiación solar a través de ventanas, luces o tabiques acristalados.

En los locales de trabajo cerrados deberán cumplirse, en particular, las siguientes condiciones:

- La temperatura de los locales donde se realicen trabajos sedentarios propios de oficinas o similares estará comprendida entre 17 y 27 °C.

  La temperatura de los locales donde se realicen trabajos ligeros estará comprendida entre 14 y 25 °C.

- La humedad relativa estará comprendida entre el 30 y el 70 %, excepto en los locales donde existan riesgos por electricidad estática en los que el límite inferior será el 50 %.

- Los trabajadores no deberán estar expuestos de forma frecuente o continuada a corrientes de aire cuya velocidad exceda los siguientes límites:

  — Trabajos en ambientes no calurosos: 0,25 m/s.

  — Trabajos sedentarios en ambientes calurosos: 0,5 m/s.

  — Trabajos no sedentarios en ambientes calurosos: 0,75 m/s.

Estos límites no se aplicarán a las corrientes de aire expresamente utilizadas para evitar el estrés en exposiciones intensas al calor, ni a las corrientes de aire acondicionado, para las que el límite será de 0,25 m/s en el caso de trabajos sedentarios y 0,35 m/s en los demás casos.

- La renovación mínima del aire de los locales de trabajo será de 30 m^3 de aire limpio por hora y trabajador, en el caso de trabajos sedentarios en ambientes no calurosos ni contaminados por humo de tabaco y de 50 m^3 en los casos restantes, a fin de evitar el ambiente viciado y los olores desagradables.

  El sistema de ventilación empleado y, en particular, la distribución de las entradas de aire limpio y salidas de aire viciado deberán asegurar una efectiva renovación del aire del local de trabajo.

A efectos de la aplicación de lo establecido anteriormente, deberán tenerse en cuenta las limitaciones o condicionantes que puedan imponer, en cada caso, las características particulares del propio lugar de trabajo, de los procesos u operaciones que se desarrollen en él y del clima de la zona en la que esté ubicado. En cualquier caso, el aislamiento térmico de los locales cerrados debe adecuarse a las condiciones climáticas propias del lugar.

En los lugares de trabajo al aire libre y en los locales de trabajo que, por la actividad desarrollada, no puedan quedar cerrados, deberán tomarse medidas para que los trabajadores puedan protegerse, en la medida de lo posible, de las inclemencias del tiempo.

2.5.4. Ruido

Los riesgos derivados de la exposición al ruido deberán eliminarse en su origen o reducirse al nivel más bajo posible, teniendo en cuenta los avances técnicos y la disponibilidad de medidas de control del riesgo en su origen.

La reducción de estos riesgos se basará en los principios generales de prevención establecidos en el artículo 15 de la Ley 31/1995, de 8 de noviembre, y tendrá en consideración especialmente:

- Otros métodos de trabajo que reduzcan la necesidad de exponerse al ruido.
- La elección de equipos de trabajo adecuados que generen el menor nivel posible de ruido, habida cuenta del trabajo al que están destinados, incluida la posibilidad de proporcionar a los trabajadores equipos de trabajo que se ajusten a lo dispuesto en la normativa sobre comercialización de dichos equipos cuyo objetivo o resultado sea limitar la exposición al ruido.

- La concepción y disposición de los lugares y puestos de trabajo.

- La información y formación adecuadas para enseñar a los trabajadores a utilizar correctamente el equipo de trabajo con vistas a reducir al mínimo su exposición al ruido.

- La reducción técnica del ruido:

  — Reducción del ruido aéreo, por ejemplo, por medio de pantallas, cerramientos, recubrimientos con material acústicamente absorbente.

  — Reducción del ruido transmitido por cuerpos sólidos, por ejemplo, mediante amortiguamiento o aislamiento.

- Programas apropiados de mantenimiento de los equipos de trabajo, del lugar de trabajo y de los puestos de trabajo.

- La reducción del ruido mediante la organización del trabajo:

  — Limitación de la duración e intensidad de la exposición.

  — Ordenación adecuada del tiempo de trabajo.

Sobre la base de la evaluación de riesgos laborales, cuando se sobrepasen los valores superiores de exposición que dan lugar a una acción, el empresario establecerá y ejecutará un programa de medidas técnicas y/o de organización que deberán integrarse en la planificación de la actividad preventiva de la empresa, destinado a reducir la exposición al ruido.

Teniendo presentes los resultados de la evaluación de riesgos laborales, los lugares de trabajo en que los trabajadores puedan verse expuestos a niveles de ruido que sobrepasen los valores superiores de exposición que dan lugar a una acción, serán objeto de una señalización apropiada de conformidad con lo dispuesto en la normativa sobre disposiciones mínimas en materia de señalización de seguridad y salud en el trabajo. Asimismo, cuando sea viable desde el punto de vista técnico y el riesgo de exposición lo justifique, se delimitarán dichos lugares y se limitará el acceso a ellos.

Cuando debido a la naturaleza de la actividad los trabajadores dispongan de locales de descanso bajo la responsabilidad del empresario, el ruido en ellos se reducirá a un nivel compatible con su finalidad y condiciones de uso.

2.5.5. Vibraciones

Se entenderá por:

- **Vibración transmitida al sistema mano-brazo:** la vibración mecánica que, cuando se transmite al sistema humano de mano y brazo, supone riesgos para la salud y la seguridad de los trabajadores, en particular, problemas vasculares, de huesos o de articulaciones, nerviosos o musculares.

- **Vibración transmitida al cuerpo entero:** la vibración mecánica que, cuando se transmite a todo el cuerpo, conlleva riesgos para la salud y la seguridad de los trabajadores, en particular, lumbalgias y lesiones de la columna vertebral.

Valores límite de exposición y valores de exposición que dan lugar a una acción:

Para la vibración transmitida al sistema mano-brazo:

- El valor límite de exposición diaria normalizado para un período de referencia de ocho horas se fija en 5 m/s^2.

- El valor de exposición diaria normalizado para un período de referencia de ocho horas que da lugar a una acción se fija en 2,5 m/s^2.

  La exposición del trabajador a la vibración transmitida al sistema mano-brazo se evaluará o medirá con arreglo a lo dispuesto en el apartado A.1 del anexo.

Para la vibración transmitida al cuerpo entero:

- El valor límite de exposición diaria normalizado para un período de referencia de ocho horas se fija en 1,15 m/s^2.

- El valor de exposición diaria normalizado para un período de referencia de ocho horas que da lugar a una acción se fija en 0,5 m/s^2.

Cuando la exposición de los trabajadores a las vibraciones mecánicas sea de forma habitual inferior a los establecidos para un período de referencia de ocho horas que da lugar a una acción, pero varíe sustancialmente de un período de trabajo al siguiente y pueda sobrepasar ocasionalmente el valor límite correspondiente, el cálculo del valor medio de exposición a las vibraciones podrá hacerse sobre la base de un período de referencia de 40 horas, en lugar de ocho horas, siempre que pueda justificarse que los riesgos resultantes del régimen de exposición al que está sometido el trabajador son inferiores a los que resultarían de la exposición al valor límite de exposición diaria.

Dicha circunstancia deberá razonarse por el empresario, ser previamente consultada con los trabajadores y/o sus representantes, constar de forma fehaciente en la evaluación de riesgos laborales y comunicarse a la autoridad laboral mediante el envío a esta de la parte de la evaluación de riesgos donde se justifica la excepción, para que esta pueda comprobar que se dan las condiciones motivadoras de la utilización de este procedimiento.

Teniendo en cuenta los avances técnicos y la disponibilidad de medidas de control del riesgo en su origen, los riesgos derivados de la exposición a vibraciones mecánicas deberán eliminarse en su origen o reducirse al nivel más bajo posible.

La reducción de estos riesgos se basará en los principios de la acción preventiva establecidos en el artículo 15 de la Ley 31/1995, de 8 de noviembre.

Sobre la base de la evaluación de riesgos laborales, cuando se rebasen los valores establecidos normativamente, el empresario establecerá y ejecutará un programa de medidas técnicas y/o de organización destinado a reducir al mínimo la exposición a las vibraciones mecánicas y los riesgos que se derivan de esta, tomando en consideración, especialmente:

- Otros métodos de trabajo que reduzcan la necesidad de exponerse a vibraciones mecánicas.

- La elección del equipo de trabajo adecuado, bien diseñado desde el punto de vista ergonómico y generador del menor nivel de vibraciones posible, habida cuenta del trabajo al que está destinado.

- El suministro de equipo auxiliar que reduzca los riesgos de lesión por vibraciones, por ejemplo, asientos, amortiguadores u otros sistemas que atenúen eficazmente las vibraciones transmitidas al cuerpo entero y asas, mangos o cubiertas que reduzcan las vibraciones transmitidas al sistema mano-brazo.

- Programas apropiados de mantenimiento de los equipos de trabajo, del lugar de trabajo y de los puestos de trabajo.

- La concepción y disposición de los lugares y puestos de trabajo.

- La información y formación adecuadas a los trabajadores sobre el manejo correcto y de manera segura del equipo de trabajo, para así reducir al mínimo la exposición a vibraciones mecánicas.

- La limitación de la duración e intensidad de la exposición.

- Una ordenación adecuada del tiempo de trabajo.

- La aplicación de las medidas necesarias para proteger del frío y de la humedad a los trabajadores expuestos, incluyendo el suministro de ropa adecuada.

Los trabajadores no deberán estar expuestos en ningún caso a valores superiores al valor límite de exposición. Si a pesar de las medidas adoptadas por el empresario se superase el valor límite de exposición, el empresario tomará de inmediato medidas para reducir la exposición a niveles inferiores a dicho valor límite. Asimismo, determinará las causas por las que se ha superado el valor límite de exposición y modificará, en consecuencia, las medidas de protección y prevención para evitar que se vuelva a sobrepasar.

2.5.6. Iluminación

La iluminación de cada zona o parte de un lugar de trabajo deberá adaptarse a las características de la actividad que se efectúe en ella, teniendo en cuenta:

- Los riesgos para la seguridad y salud de los trabajadores dependientes de las condiciones de visibilidad.

- Las exigencias visuales de las tareas desarrolladas.

Siempre que sea posible, los lugares de trabajo tendrán una iluminación natural, que deberá complementarse con una iluminación artificial cuando la primera, por sí sola, no garantice las condiciones de visibilidad adecuadas. En tales casos, se utilizará preferentemente la iluminación artificial general, complementada a su vez con una localizada cuando en zonas concretas se requieran niveles de iluminación elevados.

Los niveles mínimos de iluminación de los lugares de trabajo serán los establecidos en la siguiente tabla:

Zona o parte del lugar de trabajo (*)	Nivel mínimo de iluminación (lux)
Zonas donde se ejecuten tareas con:	
1.º Bajas exigencias visuales	100
2.º Exigencias visuales moderadas	200
3.º Exigencias visuales altas	500
4.º Exigencias visuales muy altas	1000
Áreas o locales de uso ocasional	50
Áreas o locales de uso habitual	100
Vías de circulación de uso ocasional	25
Vías de circulación de uso habitual	50

(*) El nivel de iluminación de una zona en la que se ejecute una tarea se medirá a la altura donde esta se realice; en el caso de zonas de uso general a 85 cm del suelo y en el de las vías de circulación a nivel del suelo.

Estos niveles mínimos deberán duplicarse cuando concurran las siguientes circunstancias:

- En las áreas o locales de uso general y en las vías de circulación, cuando por sus características, estado u ocupación existan riesgos apreciables de caídas, choques u otros accidentes.

- En las zonas donde se efectúen tareas cuando un error de apreciación visual durante la realización de las mismas pueda suponer un peligro para el trabajador que las ejecuta o para terceros o cuando el contraste de luminancias o de color entre el objeto que se va a visualizar y el fondo sobre el que se encuentra sea muy débil.

  No obstante lo señalado en los párrafos anteriores, estos límites no serán aplicables en aquellas actividades cuya naturaleza lo impida.

La iluminación de los lugares de trabajo deberá cumplir, además, en cuanto a su distribución y otras características, las siguientes condiciones:

- La distribución de los niveles de iluminación será lo más uniforme posible.

- Se procurará mantener unos niveles y contrastes de luminancia adecuados a las exigencias visuales de la tarea, evitando variaciones bruscas de luminancia dentro de la zona de operación y entre esta y sus alrededores.

- Se evitarán los deslumbramientos directos producidos por la luz solar o por fuentes de luz artificial de alta luminancia. En ningún caso estas se colocarán sin protección en el campo visual del trabajador.

- Se evitarán, asimismo, los deslumbramientos indirectos producidos por superficies reflectantes situadas en la zona de operación o sus proximidades.

- No se utilizarán sistemas o fuentes de luz que perjudiquen la percepción de los contrastes, de la profundidad o de la distancia entre objetos en la zona de trabajo, que produzcan una impresión visual de intermitencia o que puedan dar lugar a efectos estroboscópicos.

Los lugares de trabajo, o parte de los mismos, en los que un fallo del alumbrado normal suponga un riesgo para la seguridad de los trabajadores, dispondrán de un alumbrado de emergencia de evacuación y de seguridad.

Los sistemas de iluminación utilizados no deben originar riesgos eléctricos, de incendio o de explosión, cumpliendo a tal efecto lo dispuesto en la normativa específica vigente.

2.6. Riesgos por usos de elementos

El empleo de objetos y herramientas, el movimiento de cargas y el uso de maquinaria por parte de los trabajadores supone un elemento de generación de riesgos laborales que se analizará en los siguientes epígrafes.

2.6.1. Herramientas manuales

El empresario adoptará las medidas necesarias para que los equipos de trabajo que se pongan a disposición de los trabajadores sean adecuados al trabajo que deba realizarse y convenientemente adaptados al mismo, de forma que garanticen la seguridad y la salud de los trabajadores al utilizar dichos equipos de trabajo.

Cuando no sea posible garantizar de este modo totalmente la seguridad y la salud de los trabajadores durante la utilización de los equipos de trabajo, el empresario tomará las medidas adecuadas para reducir tales riesgos al mínimo.

Para la elección de los equipos de trabajo, el empresario deberá tener en cuenta los siguientes factores:

- Las condiciones y características específicas del trabajo que desarrollar.

- Los riesgos existentes para la seguridad y salud de los trabajadores en el lugar de trabajo y, en particular, en los puestos de trabajo, así como los riesgos que puedan derivarse de la presencia o utilización de dichos equipos o agravarse por ellos.

- En su caso, las adaptaciones necesarias para su utilización por trabajadores discapacitados.

Para la aplicación de las disposiciones mínimas de seguridad y salud previstas en la normativa de aplicación, el empresario tendrá en cuenta los principios ergonómicos, especialmente en cuanto al diseño del puesto de trabajo y la posición de los trabajadores durante la utilización del equipo de trabajo.

Cuando, a fin de evitar o controlar un riesgo específico para la seguridad o salud de los trabajadores, la utilización de un equipo de trabajo deba realizarse en condiciones o formas determinadas que requieran un particular conocimiento por parte de aquellos, el empresario adoptará las medidas necesarias para que la utilización de dicho equipo quede reservada a los trabajadores designados para ello.

El empresario adoptará las medidas necesarias para que, mediante un mantenimiento adecuado, los equipos de trabajo se conserven durante todo el tiempo de utilización en unas condiciones correctas. Dicho mantenimiento se realizará teniendo en cuenta las instrucciones del fabricante o, en su defecto, las características de estos equipos, sus condiciones de utilización y cualquier otra circunstancia normal o excepcional que pueda influir en su deterioro o desajuste.

Las operaciones de mantenimiento, reparación o transformación de los equipos de trabajo cuya realización suponga un riesgo específico para los trabajadores solo podrán ser encomendadas al personal especialmente capacitado para ello.

El empresario adoptará las medidas necesarias para que aquellos equipos de trabajo cuya seguridad dependa de sus condiciones de instalación se sometan a una comprobación inicial, tras su instalación y antes de la puesta en marcha por primera vez, y a una nueva comprobación después de cada montaje en un nuevo lugar o emplazamiento, con objeto de asegurar la correcta instalación y el buen funcionamiento de los equipos.

El empresario adoptará las medidas necesarias para que aquellos equipos de trabajo sometidos a influencias susceptibles de ocasionar deterioros que puedan generar situaciones peligrosas estén sujetos a comprobaciones y, en su caso, pruebas de carácter periódico, con objeto de asegurar el cumplimiento de las disposiciones de seguridad y de salud, y de remediar a tiempo dichos deterioros.

Igualmente, se deberán realizar comprobaciones adicionales de tales equipos cada vez que se produzcan acontecimientos excepcionales, tales como transformaciones, accidentes, fenómenos naturales o falta prolongada de uso que puedan tener consecuencias perjudiciales para la seguridad.

Las comprobaciones serán efectuadas por personal competente.

Los resultados de las comprobaciones deberán documentarse y estar a disposición de la autoridad laboral. Dichos resultados deberán conservarse durante toda la vida útil de los equipos.

Cuando los equipos de trabajo se empleen fuera de la empresa, deberán ir acompañados de una prueba material de la realización de la última comprobación.

Los requisitos y condiciones de las comprobaciones de los equipos de trabajo se ajustarán a lo dispuesto en la normativa específica que les sea de aplicación.

2.6.2. Manipulación de objetos

Se considera que la manipulación manual de toda carga que pese más de 3 kg puede entrañar un potencial riesgo dorsolumbar no tolerable, ya que a pesar de ser una carga bastante ligera, si se manipula en unas condiciones ergonómicas desfavorables (alejada del cuerpo, con posturas inadecuadas, muy frecuentemente, en condiciones ambientales desfavorables, con suelos inestables, etc.), podría generar un riesgo.

La manipulación manual de cargas menores de 3 kg también podría generar riesgos de trastornos musculoesqueléticos en los miembros superiores debidos a esfuerzos repetitivos.

El empresario deberá adoptar las medidas técnicas u organizativas necesarias para evitar la manipulación manual de las cargas, en especial mediante la utilización de equipos para el manejo mecánico de las mismas, sea de forma automática o controlada por el trabajador.

Cuando no pueda evitarse la necesidad de manipulación manual de las cargas, el empresario tomará las medidas de organización adecuadas, utilizará los medios apropiados o proporcionará a los trabajadores tales medios para reducir el riesgo que entrañe dicha manipulación. A tal fin, deberá evaluar los riesgos tomando en consideración los factores que se indican a continuación y sus posibles efectos combinados.

- **Características de la carga**

  La manipulación manual de una carga puede presentar un riesgo, en particular dorsolumbar, en los casos siguientes:

  — Cuando la carga es demasiado pesada o demasiado grande.

  — Cuando es voluminosa o difícil de sujetar.

  — Cuando está en equilibrio inestable o su contenido corre el riesgo de desplazarse.

  — Cuando está colocada de tal modo que debe sostenerse o manipularse a distancia del tronco o con torsión o inclinación del mismo.

  — Cuando la carga, debido a su aspecto exterior o a su consistencia, puede ocasionar lesiones al trabajador, en particular en caso de golpe.

- **Esfuerzo físico necesario**

  Un esfuerzo físico puede entrañar un riesgo, en particular dorsolumbar, en los casos siguientes:

  — Cuando es demasiado importante.

  — Cuando no puede realizarse más que por un movimiento de torsión o de flexión del tronco.

— Cuando puede acarrear un movimiento brusco de la carga.

— Cuando se realiza mientras el cuerpo está en posición inestable.

— Cuando se trata de alzar o descender la carga con necesidad de modificar el agarre.

- **Características del medio de trabajo**

  Las características del medio de trabajo pueden aumentar el riesgo, en particular dorsolumbar, en los casos siguientes:

  — Cuando el espacio libre, especialmente vertical, resulta insuficiente para el ejercicio de la actividad de que se trate.

  — Cuando el suelo es irregular y, por tanto, puede dar lugar a tropiezos o bien es resbaladizo para el calzado que lleve el trabajador.

  — Cuando la situación o el medio de trabajo no permite al trabajador la manipulación manual de cargas a una altura segura y en una postura correcta.

  — Cuando el suelo o el plano de trabajo presentan desniveles que implican la manipulación de la carga en niveles diferentes.

  — Cuando el suelo o el punto de apoyo son inestables.

  — Cuando la temperatura, humedad o circulación del aire son inadecuadas.

  — Cuando la iluminación no sea adecuada.

  — Cuando exista exposición a vibraciones.

- **Exigencias de la actividad**

  La actividad puede entrañar riesgo, en particular dorsolumbar, cuando implique una o varias de las exigencias siguientes:

  — Esfuerzos físicos demasiado frecuentes o prolongados en los que intervenga en particular la columna vertebral.

  — Período insuficiente de reposo fisiológico o de recuperación.

  — Distancias demasiado grandes de elevación, descenso o transporte.

  — Ritmo impuesto por un proceso que el trabajador no pueda modular.

- **Factores individuales de riesgo**

    Constituyen factores individuales de riesgo:

    — La falta de aptitud física para realizar las tareas en cuestión.

    — La inadecuación de las ropas, el calzado u otros efectos personales que lleve el trabajador.

    — La insuficiencia o inadaptación de los conocimientos o de la formación.

    — La existencia previa de patología dorsolumbar.

2.6.3. De elevación y transporte

Si la carga es redonda, lisa, resbaladiza o no tiene agarres adecuados, aumentará el riesgo al no poder sujetarse correctamente. Al manipular una carga, se pueden dar los siguientes tipos de agarres:

- **Agarre bueno:** si la carga tiene asas u otro tipo de agarres con una forma y tamaño que permita un agarre confortable con toda la mano, permaneciendo la muñeca en una posición neutral, sin desviaciones ni posturas desfavorables.

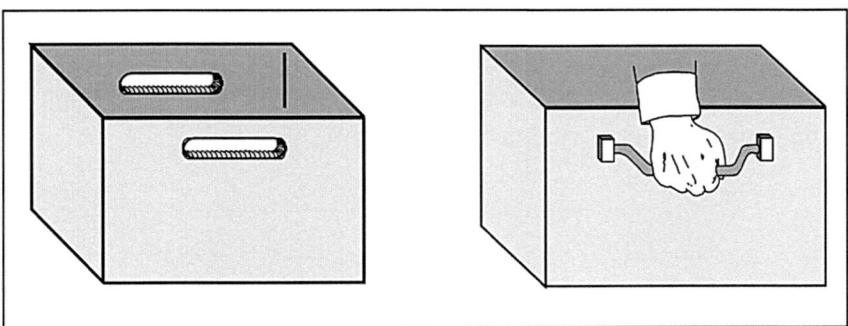

- **Agarre regular:** si la carga tiene asas o hendiduras no tan óptimas, de forma que no permitan un agarre tan confortable como en el apartado anterior. También se incluyen aquellas cargas sin asas que pueden sujetarse flexionando la mano 90° alrededor de la carga.

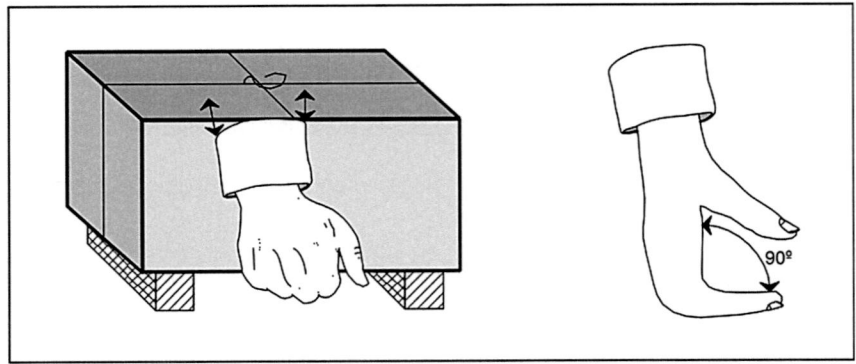

- **Agarre malo:** si no se cumplen los requisitos del agarre medio.

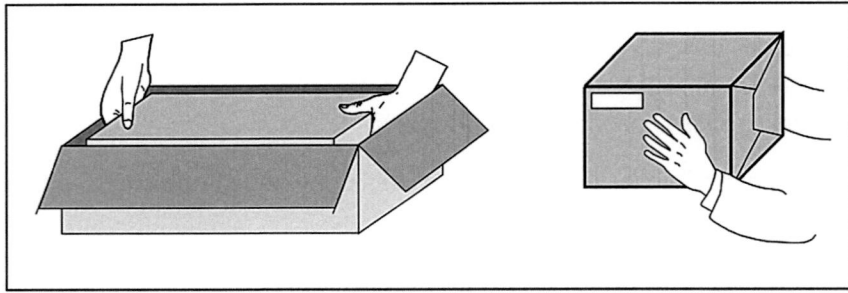

Si el tronco está inclinado mientras se manipula una carga, se generarán unas fuerzas compresivas en la zona lumbar mucho mayores que si el tronco se mantuviera derecho, lo cual aumenta el riesgo de lesión en esa zona. La inclinación puede deberse tanto a una mala técnica de levantamiento como a una falta de espacio, fundamentalmente el vertical.

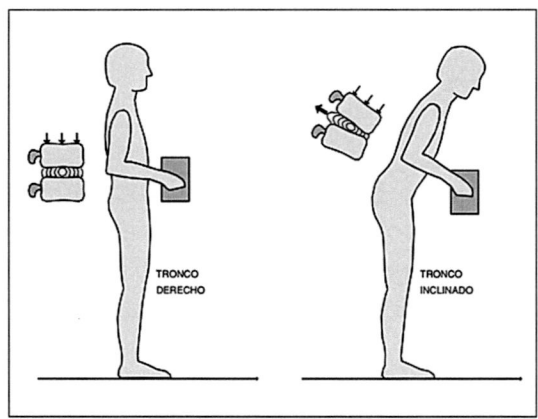

El diagrama de decisiones tiene como objetivo servir de guía en la metodología de actuación ante una posible situación de manipulación manual de cargas.

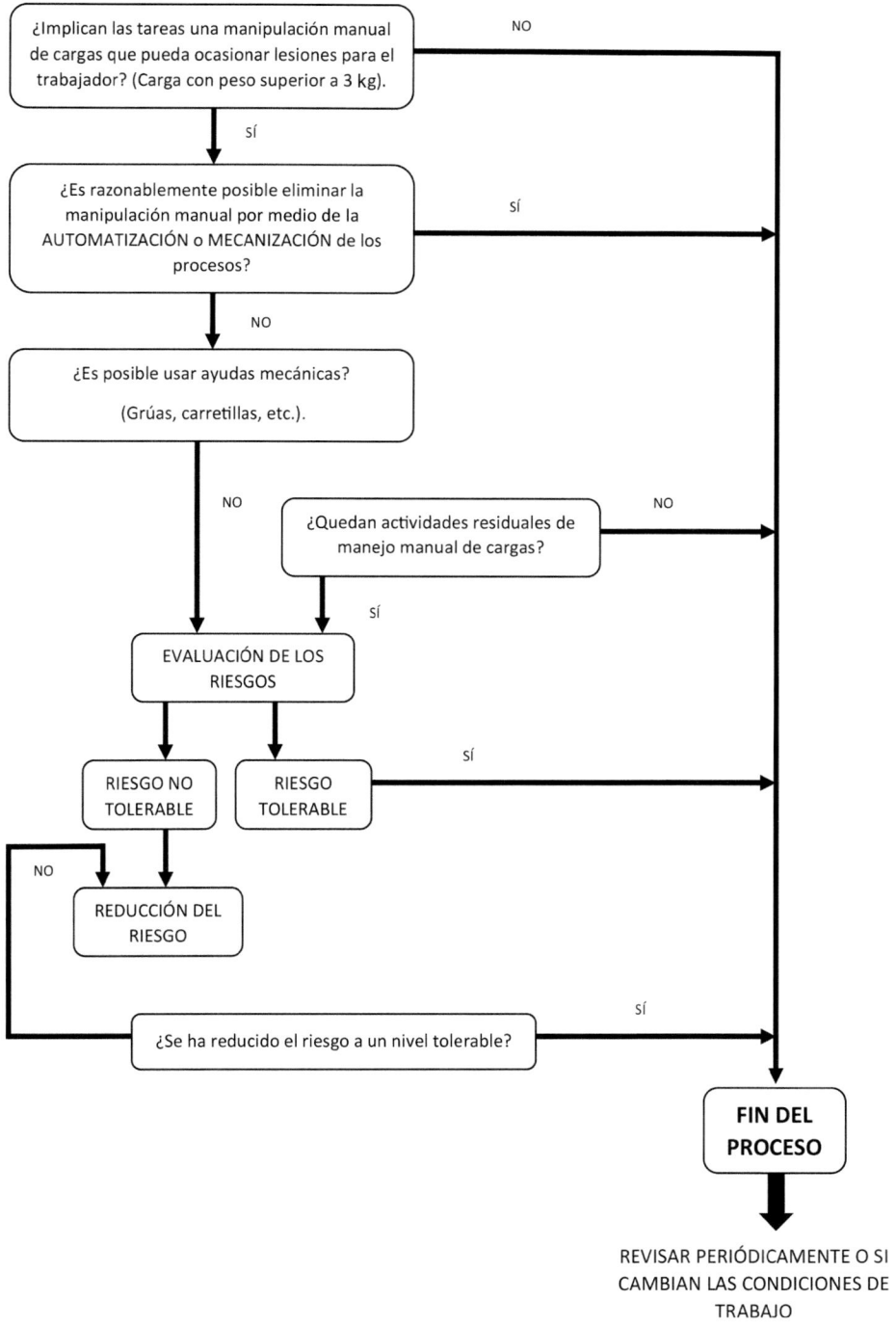

2.6.4. Máquinas

Las máquinas se deben diseñar y fabricar de manera que sean aptas para su función y para que se puedan manejar, regular y mantener sin riesgo para las personas cuando dichas operaciones se lleven a cabo en las condiciones previstas, pero también teniendo en cuenta cualquier mal uso razonablemente previsible.

Las medidas que se tomen deberán ir encaminadas a suprimir cualquier riesgo durante la vida útil previsible de la máquina, incluidas las fases de transporte, montaje, desmontaje, retirada de servicio y desguace.

Al optar por las soluciones más adecuadas, el fabricante o su representante autorizado aplicarán los principios siguientes, en el orden que se indica:

- Eliminar o reducir los riesgos en la medida de lo posible (diseño y fabricación de la máquina inherentemente seguros).

- Adoptar las medidas de protección que sean necesarias frente a los riesgos que no puedan eliminarse.

- Informar a los usuarios acerca de los riesgos residuales debidos a la incompleta eficacia de las medidas preventivas adoptadas, indicar si se requiere una formación especial y señalar si es necesario proporcionar algún equipo de protección individual.

Al diseñar y fabricar una máquina y al redactar el manual de instrucciones, el fabricante o su representante autorizado deberá prever no solo el uso previsto de la máquina, sino también cualquier mal uso razonablemente previsible.

Las máquinas se deben diseñar y fabricar de forma que se evite su utilización de manera incorrecta, cuando ello pudiera generar un riesgo. En su caso, en el manual de instrucciones se deben señalar al usuario los modos que, por experiencia, pueden presentarse en los que no se debe utilizar una máquina.

Las máquinas se deben diseñar y fabricar teniendo en cuenta las molestias que pueda sufrir el operador por el uso necesario o previsible de un equipo de protección individual.

Las máquinas deberán entregarse con todos los equipos y accesorios especiales imprescindibles para que se puedan regular, mantener y utilizar de manera segura.

Los materiales que se hayan empleado para fabricar la máquina, o los productos que se hayan utilizado o creado durante su uso, no originarán riesgos para la seguridad ni para la salud de las personas.

Especialmente cuando se empleen fluidos, la máquina se diseñará y fabricará para evitar los riesgos provocados por el llenado, la utilización, la recuperación y la evacuación.

La máquina se suministrará con un alumbrado incorporado, adaptado a las operaciones, en aquellos casos en que, a pesar de la presencia de un alumbrado ambiental de un valor normal, la ausencia de dicho dispositivo pudiera crear un riesgo.

La máquina se debe diseñar y fabricar de manera que no se produzcan zonas de sombra molesta, deslumbramientos molestos, ni efectos estroboscópicos peligrosos en los elementos móviles debidos al alumbrado.

Los órganos internos que deban inspeccionarse y ajustarse con frecuencia, así como las zonas de mantenimiento, llevarán los adecuados dispositivos de alumbrado.

La máquina o cada uno de sus diferentes elementos se deben poder manipular y transportar con seguridad. Además, estará embalada o diseñada para que pueda almacenarse sin riesgos ni deterioro.

Durante el transporte de la máquina o de sus elementos, no deberán poder producirse desplazamientos intempestivos ni peligros debidos a la inestabilidad si la máquina o sus elementos se manipulan según el manual de instrucciones.

En las condiciones previstas de utilización, habrán de reducirse al mínimo posible la molestia, la fatiga y el estrés físico y psíquico del operador, teniendo en cuenta principios ergonómicos como los siguientes:

- Adaptarse a las diferencias morfológicas, de fuerza y de resistencia de los operadores.

- Proporcionar espacio suficiente para los movimientos de las distintas partes del cuerpo del operador. Evitar un ritmo de trabajo determinado por la máquina.

- Evitar que la vigilancia requiera una concentración prolongada.

- Adaptar la interfaz hombre-máquina a las características previsibles de los operadores.

El puesto de mando se debe diseñar y fabricar de manera que se evite cualquier riesgo debido a los gases de escape y/o a la falta de oxígeno.

Si la máquina está destinada a ser utilizada en un entorno peligroso, que presente riesgos para la salud y la seguridad del operador, o si la propia máquina origina un entorno peligroso, se deben proveer los medios adecuados para que el operador disponga de buenas condiciones de trabajo y esté protegido contra todo peligro previsible.

Siempre que resulte apropiado, el puesto de mando dispondrá de una cabina adecuada diseñada, fabricada y/o equipada para cumplir los requisitos antes mencionados. La salida deberá permitir una evacuación rápida.

Además, en su caso, deberá proveerse una salida de emergencia en una dirección distinta de la salida normal.

Cuando resulte adecuado y las condiciones de trabajo lo permitan, el puesto de trabajo que forme parte integrante de la máquina deberá estar diseñado para la instalación de asientos.

Si se ha previsto que el operador esté sentado durante el funcionamiento y el puesto de mando forma parte integrante de la máquina, esta deberá disponer de un asiento.

El asiento del operador le garantizará la estabilidad de su posición. Además, el asiento y la distancia entre este y los órganos de accionamiento deberán poder adaptarse al operador.

Si la máquina está sujeta a vibraciones, el asiento se debe diseñar y fabricar de tal manera que se reduzcan al mínimo razonablemente posible las vibraciones que se transmitan al operador. El anclaje del asiento deberá resistir todas las tensiones a que pueda estar sometido. Si no hubiere suelo bajo los pies del operador, este deberá disponer de reposapiés antideslizantes.

El fabricante o su representante autorizado, antes de proceder a la comercialización o puesta en servicio de una máquina, deberá:

- Asegurarse de que esta cumple los pertinentes requisitos esenciales de seguridad y de salud establecidos reglamentariamente.

- Asegurarse de que esté disponible el expediente técnico.

- Facilitar en particular las informaciones necesarias, como es el caso de las instrucciones.

- Llevar a cabo los oportunos procedimientos de evaluación de la conformidad.

- Redactar la declaración CE de conformidad y asegurarse de que dicha declaración se adjunta a la máquina.

- Colocar el marcado CE.

Cuando las máquinas sean objeto de otras disposiciones que apliquen directivas comunitarias que se refieran a otros aspectos y dispongan la colocación del marcado CE, este marcado señalará que las máquinas cumplen también lo dispuesto en dichas disposiciones.

No obstante, en caso de que una o varias de esas disposiciones autoricen al fabricante o a su representante autorizado a elegir, durante un período transitorio, el sistema que aplicará, el marcado CE señalará únicamente la conformidad con las prescripciones de las directivas aplicadas por el fabricante o su representante autorizado. En la declaración CE de conformidad deberán incluirse las referencias de las directivas aplicadas, tal y como se publicaron en el Diario Oficial de la Unión Europea.

2.7. Riesgos eléctricos

El empresario deberá adoptar las medidas necesarias para que de la utilización o presencia de la energía eléctrica en los lugares de trabajo no se deriven riesgos para la salud y seguridad de los trabajadores o, si ello no fuera posible, para que tales riesgos se reduzcan al mínimo. La adopción de estas medidas deberá basarse en la evaluación de los riesgos contemplada en la Ley de Prevención de Riesgos Laborales y el Reglamento de los Servicios de Prevención.

2.7.1. Instalaciones eléctricas

El tipo de instalación eléctrica de un lugar de trabajo y las características de sus componentes deberán adaptarse a las condiciones específicas del propio lugar, de la actividad desarrollada en él y de los equipos eléctricos (receptores) que vayan a utilizarse.

Para ello, deberán tenerse particularmente en cuenta factores tales como las características conductoras del lugar del trabajo (posible presencia de superficies muy conductoras, agua o humedad), la presencia de atmósferas explosivas, materiales inflamables o ambientes corrosivos y cualquier otro factor que pueda incrementar significativamente el riesgo eléctrico.

En los lugares de trabajo solo podrán utilizarse equipos eléctricos para los que el sistema o modo de protección previsto por su fabricante sea compatible con el tipo de instalación eléctrica existente y los factores mencionados en el apartado anterior.

Las instalaciones eléctricas de los lugares de trabajo se utilizarán y mantendrán en la forma adecuada y el funcionamiento de los sistemas de protección se controlará periódicamente, de acuerdo a las instrucciones de sus fabricantes e instaladores, si existen, y a la propia experiencia del explotador.

En cualquier caso, las instalaciones eléctricas de los lugares de trabajo y su uso y mantenimiento deberán cumplir lo establecido en la reglamentación electrotécnica, la normativa general de seguridad y salud sobre lugares de trabajo, equipos de trabajo y señalización en el trabajo, así como cualquier otra normativa específica que les sea de aplicación.

Las técnicas y procedimientos empleados para trabajar en instalaciones eléctricas, o en sus proximidades, se establecerán teniendo en consideración:

- La evaluación de los riesgos que el trabajo pueda suponer, habida cuenta de las características de las instalaciones, del propio trabajo y del entorno en el que va a realizarse.

Todo trabajo en una instalación eléctrica, o en su proximidad, que conlleve un riesgo eléctrico deberá efectuarse sin tensión, salvo en los casos previstos reglamentariamente.

Para dejar la instalación eléctrica sin tensión, antes de realizar el trabajo, y para la reposición de la tensión, al finalizarlo, se seguirán las disposiciones generales establecidas normativamente.

Podrán realizarse con la instalación en tensión:

- Las operaciones elementales, tales como, por ejemplo, conectar y desconectar, en instalaciones de baja tensión con material eléctrico concebido para su utilización inmediata y sin riesgos por parte del público en general. En cualquier caso, estas operaciones deberán realizarse por el procedimiento normal previsto por el fabricante y previa verificación del buen estado del material manipulado.

- Los trabajos en instalaciones con tensiones de seguridad, siempre que no exista posibilidad de confusión en la identificación de las mismas y que las intensidades de un posible cortocircuito no supongan riesgos de quemadura. En caso contrario, el procedimiento de trabajo establecido deberá asegurar la correcta identificación de la instalación y evitar los cortocircuitos cuando no sea posible proteger al trabajador frente a los mismos.

También podrán realizarse con la instalación en tensión:

- Las maniobras, mediciones, ensayos y verificaciones cuya naturaleza así lo exija, tales como, por ejemplo, la apertura y cierre de interruptores o seccionadores, la medición de una intensidad, la realización de ensayos de aislamiento eléctrico, o la comprobación de la concordancia de fases.

- Los trabajos en proximidad de instalaciones cuyas condiciones de explotación o de continuidad del suministro así lo requieran.

Las maniobras locales y las mediciones, ensayos y verificaciones solo podrán ser realizados por trabajadores autorizados. En el caso de las mediciones, ensayos y verificaciones en instalaciones de alta tensión, deberán ser trabajadores cualificados, pudiendo ser auxiliados por trabajadores autorizados, bajo su supervisión y control.

El método de trabajo empleado y los equipos y materiales de trabajo y de protección utilizados deberán proteger al trabajador frente al riesgo de contacto eléctrico, arco eléctrico, explosión o proyección de materiales.

2.7.2. Equipos eléctricos

En la protección contra los choques eléctricos se aplicarán las medidas apropiadas:

- Para la protección contra los contactos directos y contra los contactos indirectos:

  La protección contra los choques eléctricos para contactos directos, e indirectos a la vez, se realiza mediante la utilización de muy baja tensión de seguridad MBTS.

- Para la protección contra contactos directos:

  Esta protección consiste en tomar las medidas destinadas a proteger las personas contra los peligros que pueden derivarse de un contacto con las partes activas de los materiales eléctricos.

  Salvo indicación contraria, los medios que se deben utilizar son habitualmente los siguientes:

— Protección por aislamiento de las partes activas:

Las partes activas deberán estar recubiertas de un aislamiento que no pueda ser eliminado más que destruyéndolo. Las pinturas, barnices, lacas y productos similares no se considera que constituyan un aislamiento suficiente en el marco de la protección contra los contactos directos.

— Protección por medio de barreras o envolventes:

Las partes activas deben estar situadas en el interior de las envolventes o detrás de barreras que posean, como mínimo, el grado de protección IP XXB, según la norma UNE de aplicación. Si se necesitan aberturas mayores para la reparación de piezas o para el buen funcionamiento de los equipos, se adoptarán precauciones apropiadas para impedir que las personas o animales domésticos toquen las partes activas y se garantizará que las personas sean conscientes del hecho de que las partes activas no deben ser tocadas voluntariamente.

— Protección por medio de obstáculos:

Esta medida no garantiza una protección completa y su aplicación se limita, en la práctica, a los locales de servicio eléctrico solo accesibles al personal autorizado. Los obstáculos están destinados a impedir los contactos fortuitos con las partes activas, pero no los contactos voluntarios por una tentativa deliberada de salvar el obstáculo.

— Protección por puesta fuera de alcance por alejamiento:

Esta medida no garantiza una protección completa y su aplicación se limita, en la práctica, a los locales de servicio eléctrico solo accesibles al personal autorizado. La puesta fuera de alcance por alejamiento está destinada solamente a impedir los contactos fortuitos con las partes activas.

— Protección complementaria por dispositivos de corriente diferencial residual:

Esta medida de protección está destinada solamente a complementar otras medidas de protección contra los contactos directos. El empleo de dispositivos de corriente diferencial-residual, cuyo valor de corriente diferencial asignada de funcionamiento sea inferior o igual a 30 mA, se reconoce como medida de protección complementaria en caso de fallo de otra medida de protección contra los contactos directos o en caso de imprudencia de los usuarios.

- Para la protección contra contactos indirectos:

El corte automático de la alimentación después de la aparición de un fallo está destinado a impedir que una tensión de contacto de valor suficiente se mantenga durante un tiempo tal que pueda dar como resultado un riesgo.

Debe existir una adecuada coordinación entre el esquema de conexiones a tierra de la instalación utilizado y las características de los dispositivos de protección. El corte automático de la alimentación está prescrito cuando puede producirse un efecto peligroso en las personas o animales domésticos en caso de defecto, debido al valor y duración de la tensión de contacto.

La tensión límite convencional es igual a 50 V, valor eficaz en corriente alterna, en condiciones normales.

En ciertas condiciones pueden especificarse valores menos elevados, como, por ejemplo, 24 V para determinadas instalaciones de alumbrado público.

2.8. Riesgos por incendios y explosiones

Un incendio se define como una reacción química de oxidación-reducción intensamente exotérmica, actuando como reactivos el oxidante y el reductor. Empleando terminología de incendios, el reductor se conoce como combustible y el oxidante, como comburente; las reacciones entre ambos elementos se denominan combustiones.

Para que un incendio comience, es preciso que el combustible y el comburente se hallen en espacio y tiempo en un estado energético suficiente para que se produzca la reacción entre ambos.

La energía precisa para que se genere dicha reacción se denomina energía de activación; esta energía es la aportada por los focos de ignición.

La reacción de combustión tiene el carácter exotérmico. De la energía desprendida, una parte resulta disipada en el ambiente produciendo los efectos térmicos del incendio y otra parte calienta a otros reactivos; cuando la citada energía es igual o superior a la necesaria, el proceso continúa en tanto en cuanto existan reactivos.

Se dice en ese caso que hay reacción en cadena.

De ello se deduce que para que un incendio comience han de coexistir tres factores:

- Combustible.

- Comburente.

- Foco de ignición.

Estos tres factores integran el conocido «triángulo del fuego»; y para que el incendio progrese, la energía desprendida en el proceso ha de ser suficiente para que se produzca la reacción en cadena. Estos cuatro factores integran lo que es conocido el «tetraedro del fuego».

2.8.1. Tipos de fuego

La Norma UNE 23-010-76 establece las clases de fuego normalizadas:

- Clase A: fuego de materias sólidas, generalmente de naturaleza orgánica, donde la combustión se realiza normalmente con formación de brasas.

- Clase B: fuego de líquidos o de sólidos licuables.

- Clase C: fuego de gases.

- Clase D: fuego de metales.

2.8.2. Equipos de detección, alarma y extinción

El Código Técnico de la Edificación regula los medios de lucha contra incendios con los que han de contar los edificios y establecimientos.

Uso previsto del edificio o establecimiento / Instalación	Condiciones
En general	
Extintores portátiles	Uno de eficacia 21A -113B: - Cada 15 m de recorrido en cada planta, como máximo, desde todo *origen de evacuación*. - En las zonas de riesgo especial conforme al capítulo 2 de la Sección 1[1] de este DB.
Bocas de incendio	En zonas de riesgo especial alto, conforme al capítulo 2 de la Sección SI1, en las que el riesgo se deba principalmente a materias combustibles sólidas[2].
Ascensor de emergencia	En las plantas cuya *altura de evacuación* exceda de 50 m[3].
Hidrantes exteriores	Si la *altura de evacuación* descendente exceda de 28 m o si la ascendente excede 6 m, así como en *establecimientos* de densidad de ocupación mayor que 1 persona cada 5 m^2 y cuya superficie construida está comprendida entre 2000 y 10 000 m². Al menos un hidrante hasta 10 000 m^2 de superficie construida y uno más por cada 10 000 m^2 adicionales o fracción[4].
Instalación automática de extinción	Salvo otra indicación en relación con el uso, en todo edificio cuya *altura de evacuación* exceda de 80 m. En cocinas en las que la potencia instalada exceda de 20 kW en *uso Hospitalario* o *Residencial Público* o de 50 kW en cualquier otro uso[5]. En centros de transformación cuyos aparatos tengan aislamiento dieléctrico con punto de inflamación menor que 300 °C y potencia instalada mayor que 1000 kVA en cada aparato o mayor que 4000 kVA en el conjunto de los aparatos. Si el centro está integrado en un edificio de *uso Pública Concurrencia* y tiene acceso desde el interior del edificio, dichas potencias son 630 kVA y 2 520 kVA respectivamente.

[1] Un extintor en el exterior del local o de la zona y próximo a la puerta de acceso, el cual podrá servir simultáneamente a varios locales o zonas. En el interior del local o de la zona se instalarán además los extintores necesarios para que el recorrido real hasta alguno de ellos, incluido el situado en el exterior, no sea mayor que 15 m en locales de riesgo especial medio o bajo, o que 10 m en locales o zonas de riesgo especial alto.

[2] Los equipos serán de tipo 45 mm, excepto en edificios de *uso Residencial Vivienda*, en lo que serán de tipo 25 mm.

[3] Sus características serán las siguientes:
- Tendrá como mínimo una capacidad de carga de 630 kg, una superficie de cabina de 1,40 m², una anchura de paso de 0,80 m y una velocidad tal que permita realizar todo su recorrido en menos de 60 s.
- En *uso Hospitalario*, las dimensiones de la planta de la cabina serán 1,20 m x 2,10 m, como mínimo.
- En la planta de acceso al edificio se dispondrá un pulsador junto a los mandos del ascensor, bajo una tapa de vidrio, con la inscripción «USO EXCLUSIVO BOMBEROS». La activación del pulsador debe provocar el envío del ascensor a la planta de acceso y permitir su maniobra exclusivamente desde la cabina.
- En caso de fallo del abastecimiento normal, la alimentación eléctrica al ascensor pasará a realizarse de forma automática desde una fuente propia de energía que disponga de una autonomía de 1 h como mínimo.

[4] Para el cómputo de la dotación que se establece se pueden considerar los hidrantes que se encuentran en la vía pública a menos de 100 de la fachada accesible del edificio.

[5] Para la determinación de la potencia instalada solo se considerarán los aparatos destinados a la preparación de alimentos Las freidoras y las sartenes basculantes se computarán a razón de 1 kW por cada litro de capacidad, independientemente de la potencia que tengan. La eficacia del sistema debe quedar asegurada teniendo en cuenta la actuación del sistema de extracción de humos.

Dotación de instalaciones de protección contra incendios prevista en el Código Técnico de la Edificación.

2.8.3. Agentes extintores

Existen muchas variables que pueden influir sobre la elección de un agente extintor y su forma de aplicación.

Pueden mencionarse entre otros:

- El tipo de fuego: A, B, C o D.
- Si se pretende la extinción o solo la protección de riesgos vecinos.
- La velocidad con que actuará (accionamiento manual o automático).
- El tamaño y tipo de riesgo.
- El valor del riesgo a proteger.
- La ubicación del riesgo.
- El posible daño a causar por el agente extintor en las instalaciones.
- El costo del equipo que posibilitará la extinción.

TIPO DE EXTINTOR	CLASES DE FUEGO			
	A	B	C	D
De agua pulverizada	***	*		
De agua a chorro	**			
De espuma física	**	**		
De polvo convencional		***	**	
De polvo polivalente	**	**	**	
De polvo especial				*
De anhídrido carbónico	*	**		
De hidrocarburos halogenados	*	**	*	
Específico para fuego de metales				*

*** Muy adecuado
** Adecuado
* Aceptable

2.9. Riesgos por uso de sustancias

El uso de sustancias químicas o biológicas supone una fuente de creación de riesgos para el trabajador que se desarrollarán en los siguientes epígrafes del manual.

Un paso elemental de protección es dotar de la información adecuada a los trabajadores acerca de los riesgos que tal manipulación supone.

Para ello, se emplean distintos medios:

Señales

Señalización. Riesgos químicos.

Señalización. Riesgos biológicos.

Ficha internacional de seguridad química

Las fichas internacionales de seguridad química (ICSC, International Chemical Safety Cards) son hojas informativas que recopilan de forma clara y concisa la información esencial en materia de seguridad y salud en la utilización de productos químicos. El objetivo principal de las fichas es promover el uso seguro de los productos químicos en el lugar de trabajo y los destinatarios principales son, por tanto, los trabajadores.

CLORURO DE ACETILO

MINISTERIO DE TRABAJO Y ASUNTOS SOCIALES ESPAÑA

INSTITUTO NACIONAL DE SEGURIDAD E HIGIENE EN EL TRABAJO

CLORURO DE ACETILO
Cloruro de etanoilo
CH_3COCl/CCl_2H_3O
Masa molecular: 78.5

N.º CAS 75-36-5
N.º RTECS AO6390000
N.º ICSC 0210
N.º NU 1717
N.º CE 607-011-00-5

TIPOS DE PELIGRO/ EXPOSICIÓN	PELIGROS/ SÍNTOMAS AGUDOS	PREVENCIÓN	PRIMEROS AUXILIOS/ LUCHA CONTRA INCENDIOS
INCENDIO	Altamente inflamable. Muchas reacciones pueden producir incendio o explosión. En caso de incendio se despreden humos (o gases) tóxicos e irritantes.	Evitar las llamas, NO producir chispas y NO fumar. NO poner en contacto con superficies calientes.	Polvo, dióxido de carbono, NO utilizar agentes hídricos, NO utilizar agua.
EXPLOSIÓN	Las mezclas vapor/aire son explosivas.	Sistema cerrado, ventilación, equipo eléctrico y de alumbrado a prueba de explosión. Evitar la generación de cargas electrostáticas (por ejemplo, mediante conexión a tierra). NO utilizar aire comprimido para llenar, vaciar o manipular. Utilícense herramientas manuales no generadoras de chispas.	En caso de incendio: mantener fríos los bidones y demás instalaciones rociando con agua pero NO en contacto directo con agua.
EXPOSICIÓN		¡EVITAR TODO CONTACTO!	¡CONSULTAR AL MÉDICO EN TODOS LOS CASOS!
• INHALACIÓN	Sensación de quemazón, tos, jadeo, dolor de garganta.	Protección respiratoria. Sistema cerrado y ventilación.	Aire limpio, reposo, posición de semilincorporado, respiración artificial si estuviera indicada y proporcionar asistencia médica.
• PIEL	Piel seca, enrojecimiento, quemaduras cutáneas graves, sensación de quemazón, dolor, ampollas.	Guantes protectores y traje de protección.	Quitar las ropas contaminadas, aclarar la piel con agua abundante o ducharse y proporcionar asistencia médica.
• OJOS	Enrojecimiento, dolor, quemaduras profundas graves.	Gafas de protección de seguridad, pantalla facial o protección ocular combinada con la protección respiratoria.	Enjuagar con agua abundante durante varios minutos (quitar las lentes de contacto si puede hacerse con facilidad) y proporcionar asistencia médica.
• INGESTIÓN	Dolor abdominal, sensación de quemazón, tos, jadeo, dolor de garganta (para mayor información, véase Inhalación).	No comer, ni beber, ni fumar durante el trabajo.	Enjuagar la boca. NO provocar el vómito, No dar nada a beber y proporcionar asistencia médica.

DERRAMAS Y FUGAS	ALMACENAMIENTO	ENVASADO Y ETIQUETADO

2.10. Vías de entrada y absorción

Los contaminantes pueden entrar en el cuerpo por diversas alternativas, que reciben el nombre de vías de entrada y que son las siguientes:

- **Vía respiratoria:** es la vía de entrada de productos contaminantes más frecuente en el centro de trabajo. Mientras se respira, se absorben sustancias tales como los sólidos, que tienen la forma de polvo; los líquidos, en forma de vapores, o los gases, que aparecen mezclados con el aire.

- **Vía digestiva:** si bien no es la más habitual en el puesto de trabajo, puede estar presente en el supuesto de que se coma o beba en el trabajo y no se laven las manos previamente o, en otro caso, que se depositen sustancias tóxicas sobre los alimentos y se consuman sin haber sido previamente sometidos a limpieza.

- **Vía parenteral:** consiste en la entrada de un producto contaminante a través de una herida o de una llaga existente previamente o causada por un accidente, un corte o un pinchazo.

- **Vía dérmica:** supone la entrada en el organismo de sustancias sin necesidad de alterar la misma y siendo distribuida por el cuerpo a través del riego sanguíneo. Ha de tenerse presente tanto la extensión de piel que se encuentre expuesta como el tipo de sustancia de que se trate.

2.10.1. Tipos de sustancias

Contaminantes químicos:

Se denominan agentes químicos a las sustancias orgánicas o inorgánicas, naturales o sintéticas y que carecen de vida propia y que, encontrándose presentes en el medio laboral, puedan ser absorbidas por el organismo y generar efectos adversos a los trabajadores expuestos.

En función de su forma molecular, los agentes químicos se clasifican así:

- **Gas:** fluido amorfo que ocupa el espacio que lo contiene.

- **Líquido:** sustancia cuyas partículas presentan menor movilidad que los gases y mayor que los sólidos, y que no presentan una forma propia determinada, pero sí un volumen fijo que se distribuye en el recipiente que lo contiene adaptándose a su forma.

- **Vapores:** provienen de un proceso de evaporación y, cuando se encuentran en condiciones normales tanto de temperatura como de presión, coexisten con la fase líquida.

- **Aerosoles**: dispersiones de partículas líquidas o sólidas en un medio gaseoso (aire). Cabe diferenciar las siguientes clases de aerosoles:

  — *Aerosoles líquidos* (nieblas): suspensión en el aire de pequeñas gotas de líquido.

  — *Aerosoles sólidos:* se encuentran en el aire en forma de pequeñas partículas que pueden hallarse en suspensión:

    ✓ *Polvos*: suspensión en el aire de partículas sólidas de pequeño tamaño cuyo origen son procesos de disgregación o mecánicos.

    ✓ *Fibras*: el diámetro de este tipo de partículas es inferior a un tercio de su longitud.

    ✓ *Humos*: suspensión en el aire de partículas sólidas generadas en procesos de combustión incompleta, de origen térmico.

En el campo de la higiene industrial, se define como fracción de polvo respirable a la parte del aerosol que, integrada por partículas más pequeñas, es susceptible de llegar al alvéolo pulmonar.

La cantidad de producto absorbido por el organismo recibe el nombre de dosis. Debe tenerse presente el concepto de acumulación, es decir, cuando un contaminante químico resulta absorbido a mayor velocidad de aquella a la que es eliminada por el organismo se genera una acumulación del contaminante en uno o varios órganos o tejidos del organismo.

Contaminantes biológicos:

En toda actividad que pueda implicar un riesgo de exposición a agentes biológicos, se identificará el tipo, el grado y la duración de la exposición para poder proceder a evaluar los riesgos que suponen para la seguridad o la salud de los trabajadores y poder establecer las medidas que corresponda adoptar.

Cuando se trate de trabajos que supongan la exposición a diferentes categorías de agentes biológicos, los riesgos serán evaluados basándose en el peligro presentado por la integridad de los agentes biológicos peligrosos existentes.

La evaluación habrá de repetirse periódicamente y, en todo caso, cada vez que exista un cambio en las condiciones que puedan modificar la exposición a la que se hallan sometidos los trabajadores. Esta evaluación se efectuará teniendo presente la totalidad de la información con la que se cuente, considerando:

- La clasificación de los agentes biológicos en los grupos de riesgo, de acuerdo a su diferente índice de riesgo de infección, que puedan representar un peligro para la salud del trabajador. Existen cuatro grupos de riesgo:

— Grupo 1: agente biológico que resulta poco probable que cause enfermedad en el hombre.

— Grupo 2: agente patógeno que pueda causar una enfermedad en el hombre y pueda suponer un peligro para los trabajadores. Es poco posible que se propague a la colectividad. Existen, generalmente, profilaxis o tratamientos eficaces.

— Grupo 3: agente patógeno que pueda causar una enfermedad en el hombre y presente un serio peligro para los trabajadores. Existe un peligro de que se propague a la colectividad. Existen, generalmente, profilaxis o tratamientos eficaces.

— Grupo 4: agente patógeno que causa una enfermedad grave en el hombre y presente un serio peligro para los trabajadores. Existen muchas posibilidades de que se propague a la colectividad. No existen, generalmente, profilaxis o tratamientos eficaces.

• Las recomendaciones procedentes de una autoridad responsable que muestren que conviene controlar el agente biológico, con el objetivo de proteger la salud de los trabajadores cuando los mismos estén o puedan estar expuestos a dicho agente en función de su trabajo.

• La información acerca de las enfermedades que pudieran ser contraídas por los trabajadores en función de la naturaleza de su trabajo.

• Los efectos alergénicos o tóxicos potenciales relacionados con el tipo del trabajo.

• El conocimiento de una enfermedad que haya sido detectada en un trabajador y que esté directamente vinculada a su trabajo.

2.10.2. Efectos en el organismo

Entre los efectos que la exposición a contaminantes puede producir en el cuerpo humano, cabe destacar los siguientes, clasificados en función del órgano al que afectan:

• **Sistema cardiovascular y sangre:** en el momento en que los tóxicos afectan a las células de la sangre, la médula ósea o el corazón. Ejemplos:

carencia de oxígeno en sangre (hipoxia) causada por monóxido de carbono; reducción de leucocitos en sangre por afectación de la médula ósea causada por cloranfenicol o leucemia por benceno.

- **Piel:** los efectos pueden oscilar desde una irritación por contacto con productos como la gasolina, hasta efectos graves como la corrosión de la piel causada por contacto con hidróxido sódico, o el cáncer de piel producido por ingestión de arsénico o exposición a los rayos solares o ultravioleta.

- **Hígado, conductos biliares o vesicular biliar:** con aparición de variadas enfermedades como hepatitis química, cirrosis o el cáncer hepático.

- **Sistema inmunitario:** puede sufrir afectación de diferentes formas: fenómenos de hipersensibilidad (autoinmunidad y alergia), de inmunodeficiencia o de proliferación sin control de células (linfomas).

- **Riñones:** un gran volumen de sangre atraviesa los riñones donde se filtran los tóxicos que pueden acumularse en los mismos y dañarlos.

- **Sistema nervioso:** los efectos pueden producirse en el sistema nervioso central (por ejemplo, metales tóxicos como el plomo y el mercurio) o en el sistema nervioso periférico (con sustancias como el n-hexano).

- **Sistema reproductivo:** en él aparecen incluidos diferentes efectos como la impotencia, infertilidad, aborto o la aparición de anormalidades fetales.

- **Sistema respiratorio:** que hace referencia a las fosas nasales, laringe, faringe, tráquea y pulmones, puede sufrir afectación en todas estas estructuras. Los efectos fundamentales son la irritación de las vías superiores y de los bronquios, asma, pneumoconiosis, fibrosis pulmonar, alveolitis alérgica, enfisema y cáncer.

- **Sistema endocrino:** los efectos en este ámbito pueden ser múltiples, incluyendo cánceres de mama, ovarios, próstata y testículos; endometriosis; reducción de la calidad del esperma y de niveles de algunas hormonas en hombres y mujeres expuestos a los contaminantes.

2.11. Riesgos por exposición a radiaciones

Los riesgos derivados de la exposición a campos electromagnéticos deberán eliminarse en su origen o reducirse al nivel más bajo posible, teniendo en cuenta los avances técnicos y la disponibilidad de medidas para el control del riesgo en su origen.

La reducción de estos riesgos se basará en los principios generales de prevención establecidos en el artículo 15 de la Ley 31/1995, de 8 de noviembre.

Sobre la base de la evaluación de riesgos mencionada en el artículo 6, cuando se superen los niveles de acción pertinentes, el empresario elaborará y aplicará un plan de acción que incluya medidas técnicas y/o de organización destinadas a evitar que la exposición supere los VLE relacionados con efectos para la salud o los VLE relacionados con efectos sensoriales.

Valores límite de exposición (VLE): los valores que se han establecido a partir de consideraciones biofísicas y biológicas, en particular sobre la base de efectos directos agudos y a corto plazo comprobados científicamente, por ejemplo, los efectos térmicos y la estimulación eléctrica de los tejidos.

Dicho plan de acción no será necesario cuando la evaluación de riesgos laborales, demuestre que no se superarán los valores límite de exposiciones correspondientes y además puedan descartarse riesgos para la seguridad de los trabajadores.

El plan de acción prestará especial atención a los siguientes aspectos:

- La adopción de métodos de trabajo que conlleven una exposición menor a campos electromagnéticos.

- La elección de equipos que generen campos electromagnéticos menos intensos, teniendo en cuenta el trabajo al que se destinan.

- Medidas técnicas para reducir la emisión y exposición incluyendo, cuando sea necesario, el uso de sistemas de bloqueo, blindajes o mecanismos similares de protección de la salud.

- Medidas adecuadas de delimitación y acceso, como señales, etiquetas, marcas en el suelo o barreras para limitar o controlar el acceso.

- En caso de exposición a campos eléctricos, medidas y procedimientos para controlar las corrientes de contacto y las descargas en forma de chispa, mediante métodos técnicos y formación de los trabajadores.

- Programas adecuados de mantenimiento de los equipos de trabajo y de los lugares y los puestos de trabajo.

- El diseño y la disposición de los lugares y puestos de trabajo.

- La limitación de la duración e intensidad de la exposición.

- La disponibilidad de equipos adecuados de protección individual.

A partir de la evaluación de riesgos, el empresario elaborará y aplicará un plan de acción que incluya medidas técnicas y/o de organización destinadas a evitar riesgos para los trabajadores especialmente sensibles, así como cualquier otro riesgo debido a los efectos indirectos mencionados en el precitado artículo.

El empresario adaptará las medidas contempladas en el presente artículo a las necesidades de los trabajadores especialmente sensibles y, en su caso, a las evaluaciones específicas. En particular, en relación con las trabajadoras embarazadas cuyo estado gestacional sea conocido por el empresario o los trabajadores que hayan declarado que llevan dispositivos médicos implantados activos o pasivos, como marcapasos cardíacos, o que lleven otros dispositivos médicos en el cuerpo, como, por ejemplo, bombas de insulina.

Las zonas de los lugares de trabajo en las que, según la evaluación de riesgos, exista la posibilidad de que los trabajadores vayan a estar expuestos a campos electromagnéticos que superen los niveles de acción serán objeto de señalización. Dichas zonas se identificarán y se limitará el acceso a las mismas en caso necesario. No serán necesarias señalizaciones ni restricciones de acceso específicas para campos electromagnéticos cuando el acceso a estas zonas esté convenientemente limitado por otros motivos y siempre que los trabajadores hayan sido informados de los riesgos derivados de los campos electromagnéticos.

Cuando un trabajador informe de algún síntoma o trastorno transitorio, el empresario actualizará, si fuera necesario, la evaluación de riesgos y las medidas de prevención. Entre dichos trastornos transitorios pueden encontrarse:

- Las percepciones sensoriales producidas por campos magnéticos variables en el tiempo.

- Los efectos en el funcionamiento del sistema nervioso central en la cabeza, debidos a campos magnéticos variables en el tiempo.

- Los efectos del campo magnético estático, como vértigo y náuseas.

2.11.1. Radiaciones ionizantes

Se define la radiación ionizante como la transferencia de energía en forma de partículas u ondas electromagnéticas de una longitud de onda igual o inferior a 100 nanómetros o una frecuencia igual o superior a 3×1015 hercios, capaces de producir iones directa o indirectamente.

La energía que es depositada por las radiaciones ionizantes al atravesar las células vivas genera iones y radicales libres que rompen los enlaces químicos y generan cambios moleculares que dañan las células afectadas.

En principio, cualquier parte de la célula puede sufrir alteraciones causadas por la radiación ionizante, pero el ADN resulta ser el blanco biológico más crítico en función de la información genética que contiene.

Una dosis absorbida suficientemente elevada como para matar una célula tipo en división sería suficiente para causar centenares de lesiones reparables en sus moléculas de ADN. Las lesiones que son causadas por la radiación ionizante de naturaleza corpuscular (protones o partículas alfa) son, generalmente hablando, menos reparables que las provocadas por una radiación ionizante fotónica (rayos X o rayos gamma).

El daño en las moléculas de ADN que queda sin ser reparado o es mal reparado puede manifestarse a través de mutaciones cuya frecuencia se encuentra en relación con la dosis recibida.

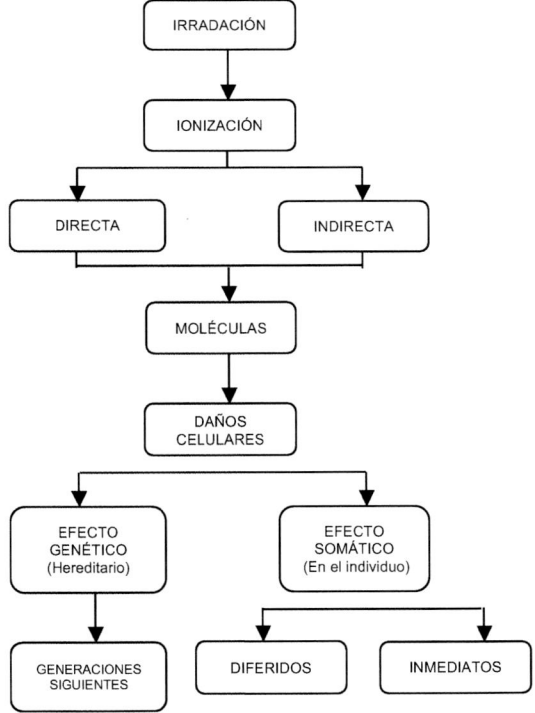

Efectos de las radiaciones ionizantes en el organismo.

2.11.2. Radiaciones no ionizantes

Las radiaciones no ionizantes se definen como las radiaciones electromagnéticas que carecen de la energía suficiente como para ionizar la materia y, por ello, no pueden afectar el estado natural de los tejidos vivos.

Integran, en términos generales, la parte del espectro electromagnético cuya energía fotónica resulta demasiado débil para romper enlaces atómicos. Entre las mismas pueden mencionarse la radiación ultravioleta, la luz visible, la radiación infrarroja, los campos de radiofrecuencias y microondas, y los campos de frecuencias extremadamente bajas.

Las radiaciones no ionizantes pueden provenir de la naturaleza (siendo el Sol la más importante fuente de radiación) o de servicios y sistemas radioeléctricos, tales como la radio, televisión, internet, telefonía fija o móvil, radioaficionados, así como los sistemas de seguridad de los organismos públicos, entre otros supuestos.

En orden de magnitud, los servicios de radio y televisión por sus características técnicas son los que irradian una mayor potencia. Les siguen dispositivos tales como los microondas, monitores de PC, tubos fluorescentes, etc. No obstante, todos se hallan dentro de los límites máximos de exposición humana a las ondas electromagnéticas establecidos por los organismos competentes.

18. RADIACIONES NO IONIZANTES			Personas afectadas		
Área de trabajo		Fecha	Fecha próxima revisión		
Cumplimentado por					

	SÍ	NO	
1. Existe algún foco de emisión de radiaciones electromagnéticas no ionizantes (campos estáticos, radiofrecuencia, microondas, infrarrojos, etc.)*.	SÍ	NO	Pasar a otro cuestionario.
2. Está suficientemente confinado, blindado o apantallado el foco de emisión de ondas electromagnéticas.	SÍ	NO	Si es razonable y técnicamente posible, debe procederse al blindaje del foco emisor o apantallarlo debidamente.
3. Se reduce al máximo el número de personas expuestas a la radiación electromagnética.	SÍ	NO	Es necesario reducir al mínimo el número de personas expuestas.
4. Se ubican las personas expuestas a la máxima distancia posible del foco emisor, durante su trabajo.	SÍ	NO	Debe mantenerse la distancia máxima posible de las personas expuestas al foco emisor.
5. Se reduce el tiempo de exposición al mínimo posible.	SÍ	NO	La dosis recibida puede disminuirse, si se acorta el tiempo de exposición a radiaciones electromagnéticas.
6. Se indica mediante señalización la existencia de radiaciones electromagnéticas en las zonas que proceda.	SÍ	NO	Señalizar la presencia de radiaciones. Advertir del riesgo que supone la radiación electromagnética para los portadores de marcapasos.
7. Se utilizan protecciones individuales de ojos o piel para minimizar la exposición a radiación infrarroja o ultravioleta.	SÍ	NO	Deben utilizarse gafas, guantes y ropa de trabajo adecuada y gafas en el caso de microondas.
8. Se conocen los niveles de radiación existentes en las zonas de exposición a radiaciones electromagnéticas.	SÍ	NO	Es necesario medir los niveles de radiación y valorarlos por comparación con valores de referencia aplicables.
9. Se realizan reconocimientos médicos específicos (si es técnicamente posible) y periódicos a los trabajadores expuestos a radiaciones.	SÍ	NO	Deben realizarse, si es posible, dichos reconocimientos.

Esquema de actuación frente a radiaciones no ionizantes.

2.12. Riesgos por sobreesfuerzos

La carga de trabajo es el factor que representa el riesgo de aparición de daños para la salud de los trabajadores derivados de la existencia de una carencia de adaptación entre las condiciones de los mismos y las del puesto de trabajo.

Pueden diferenciarse entre la carga externa e interna:

- **Carga externa**: integrada por los elementos y requisitos de la actividad productiva que afectan a las condiciones de salud psíquica o física de los trabajadores.

- **Carga interna**: es la medida en que la carga externa produce efectos sobre cada una de las personas afectadas por la misma. La misma es variable en función de las características personales de cada uno de los empleados.

A su vez, debe distinguirse entre carga física y carga mental.

2.12.1. Carga física

Por lo que se refiere a la carga física, se define como el conjunto de los requerimientos de carácter físico a los que se encuentra sometido un trabajador durante el desarrollo de sus actividades laborales. Deben analizarse tres aspectos básicos de la carga física:

- **Esfuerzos físicos**: son los que se llevan a cabo cuando se efectúa una actividad muscular. Distinguiéndose, a su vez, entre dos categorías diferentes:

  — *Estáticos*: esfuerzo sostenido en el cual los músculos se hallan contraídos a lo largo de un cierto espacio temporal. Ello genera un elevado consumo de energía y un incremento del ritmo de respiración.

  — *Dinámicos*: en los que la musculatura se contrae y relaja de forma periódica, apareciendo la fatiga con posterioridad respecto de los esfuerzos estáticos.

- **Posturas de trabajo**: son variadas a lo largo de la jornada de trabajo, por ejemplo, estar de pie o sentado o desempeñar posturas forzadas. Ello puede dar lugar a sobrecargas en la musculatura de determinadas áreas del cuerpo. Una postura de trabajo incómoda puede dar lugar a la aparición de situaciones de fatiga y cansancio muy frecuentes, así como en el largo plazo, a lesiones derivadas de dicha circunstancia.

Trabajo en posiciones forzadas.

- se entenderá por manipulación manual de cargas cualquier operación de transporte o sujeción de una carga por parte de uno o varios trabajadores, como el levantamiento, la colocación, el empuje, la tracción o el desplazamiento, que por sus características o condiciones ergonómicas inadecuadas entrañe riesgos, en particular dorsolumbares, para los trabajadores.

El empresario deberá adoptar las medidas técnicas u organizativas necesarias para evitar la manipulación manual de las cargas, en especial mediante la utilización de equipos para el manejo mecánico de las mismas, sea de forma automática o controlada por el trabajador.

Cuando no pueda evitarse la necesidad de manipulación manual de las cargas, el empresario tomará las medidas de organización adecuadas, utilizará los medios apropiados o proporcionará a los trabajadores tales medios para reducir el riesgo que entrañe dicha manipulación.

2.12.2. Carga mental

La carga de trabajo mental hace referencia a la serie de tensiones que recibe una persona derivada de las exigencias mentales que el trabajador ha de llevar a cabo para responder a la serie de demandas derivadas del puesto de trabajo que desempeña.

Entre las obligaciones que se derivan de la carga mental deben destacarse las siguientes:

- Recordar datos o procedimientos.

- Coordinar ideas.

- Adoptar decisiones.

- Procesar información relacionada con la actividad desarrollada.

- Buscar soluciones a problemas planteados.

La carga de trabajo, en su aspecto mental, implica la relación existente entre los requerimientos laborales de una actividad laboral y los recursos mentales con los que cuenta un trabajador para hacer frente a estos.

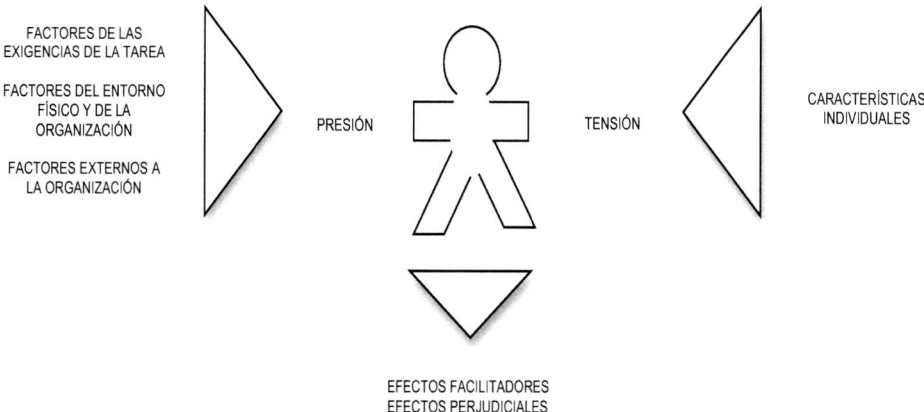

Entre las consecuencias de una excesiva carga mental sobre el trabajador se encuentra la fatiga laboral, que se genera en la relación que se establece entre la persona y el trabajo, dado que, obviamente, la persona no puede separarse del trabajador y tanto factores internos a la empresa como externos a la misma van a estar incidiendo de forma simultánea sobre el mismo.

Como ejemplos más destacables de la carga mental ha de hablarse del *mobbing* y el *burnout* o síndrome del quemado.

- *Mobbing*: se define como un tipo de estrés producido en el ámbito laboral con la singularidad de que su origen no es exclusivamente de tipo laboral, ya que frecuentemente proviene de las relaciones que se establecen entre los miembros de la organización. La estructura típica de este fenómeno es la constituida por una persona que realiza el acoso de forma individual o en colaboración con otros individuos de la empresa, que dirigen sus acciones contra una víctima por razones que pueden ser de tipo laboral o personal. Por ello no puede hablarse de un único origen, aunque la manifestación del mismo, con independencia de su plasmación concreta, supone un ataque a la dignidad del trabajador, que siente cómo el respeto que merece como persona le es negado por parte de los acosadores. Entre las formas en que el *mobbing* se manifiesta se encuentran las siguientes:

— Críticas permanentes.

— No asignar tareas productivas.

— Asignar tareas incoherentes.

— Restringir la comunicación con un trabajador.

— Burlas sobre aspectos de su vida privada.

— Menosprecio público a su ideología, creencias u opiniones.

— Encargar tareas degradantes.

— Proferir insultos o comentarios despreciativos.

— Burlarse de características físicas o psíquicas.

— Difundir falsos rumores.

El *mobbing* es uno de los principales riesgos laborales en materia psicosocial.

• *Burnout:* consiste en la respuesta desarrollada por el trabajador a una situación de estrés laboral que se extiende a lo largo de un período prolongado de tiempo. La respuesta consiste o bien en una sensación de agotamiento en los ámbitos emocional, físico y mental o en la aparición de sensaciones y opiniones negativas en relación tanto hacia la propia persona como hacia las personas que rodean al trabajador en la empresa.

Las fases del *burnout* son las siguientes:

— **Sensación de alarma**: generada por el desequilibrio existente entre los requerimientos que el trabajador recibe y los recursos o medios con los que cuenta para satisfacer los mismos.

— **Resistencia**: el cuerpo y la mente del trabajador intentan reaccionar al requerimiento realizando un esfuerzo superior al debido durante un período de tiempo extenso.

— **Agotamiento**: el efecto combinado de los requerimientos excesivos, respecto de los medios con los que se cuenta, da como consecuencia la aparición de modificaciones conductuales en el sentido antes descrito.

Los síntomas del *burnout* se estructuran en tres tipos:

— **Cansancio emocional**: el trabajador se siente incapaz de comprender la situación, dado que realiza el máximo esfuerzo y no alcanza los objetivos que le son asignados. Ello da lugar a una sensación de falta de esperanza e impotencia.

— **Despersonalización**: implica la aparición de conductas negativas y de aislamiento respecto al resto de las personas que lo rodean. Entre las consecuencias cabe hacer mención al absentismo laboral, la renuncia al trato con otras personas, la frialdad o trato distante con respecto a los compañeros o clientes.

— **Falta de realización personal**: se reduce la autoestima de los trabajadores, considerando que su valor, tanto como personas como en la condición de empleados, es inferior al que previamente poseían. Ello implica la pérdida de eficacia productiva, así como el entorpecimiento de las relaciones interpersonales.

Cuestionario

2.1. ¿Qué se define como peligro en el contexto laboral?

    a. Una medida de seguridad implementada.

    b. Un elemento que puede causar daño a la salud.

    c. Un procedimiento de evacuación.

2.2. ¿Qué se entiende por riesgo laboral?

    a. La probabilidad de que un trabajador sufra un daño.

    b. La cantidad de equipos de seguridad en un lugar de trabajo.

    c. La cantidad de trabajo que realiza un empleado.

2.3. ¿Cuál de las siguientes es una medida de control para reducir riesgos?

    a. Aumentar la carga de trabajo.

    b. Aislar elementos productivos que generen toxinas.

    c. Ignorar la evaluación de riesgos.

2.4. ¿Qué factor se considera al evaluar la gravedad de un riesgo?

    a. El color de los equipos.

    b. El número de trabajadores de la empresa.

    c. La probabilidad y la severidad del daño.

2.5. La higiene industrial se encarga de:

    a. Aumentar la producción.

    b. Evitar enfermedades derivadas del trabajo.

    c. Incrementar la jornada laboral.

2.6. ¿Qué tipo de factores de riesgo pueden afectar a la salud de un trabajador?

    a. Solo los factores físicos.

    b. Solo los factores emocionales.

    c. Contaminantes físicos, químicos y biológicos.

2.7. Los contaminantes higiénicos en un entorno laboral pueden causar:

 a. Enfermedades de origen laboral.

 b. Solo lesiones físicas.

 c. Incremento de la productividad.

2.8. Las condiciones de iluminación inadecuadas pueden ser consideradas un:

 a. Peligro físico.

 b. Riesgo químico.

 c. Riesgo psicosocial.

2.9. ¿Cuál de las siguientes es una medida preventiva en la gestión del riesgo?

 a. Aumentar la exposición a riesgos.

 b. Disposición correcta de los equipos de trabajo.

 c. Evitar la formación de los empleados.

2.10. ¿Qué derecho tiene un trabajador según las normativas de prevención?

 a. No recibir formación.

 b. Conocer los riesgos y cómo evitarlos.

 c. Ignorar las medidas de seguridad.

Actividades prácticas

2.1. La consideración de un accidente como «de trabajo» o «común», es, es muchas ocasiones, una cuestión polémica que requiere su resolución en los tribunales de justicia. Busca en internet documentación que sea útil para determinar el perfil jurídico de un accidente de trabajo.

2.2. El recargo de las prestaciones económicas derivadas de accidente de trabajo o enfermedad profesional es una figura básica de la responsabilidad administrativa en prevención de riesgos laborales. Busca información relevante sobre el tema en internet.

2.3. Examina los extintores que existen en tu centro formativo o laboral y señala el número de los mismos, el tipo de fuego para cuya lucha están diseñados y la distancia entre los mismos. ¿Consideras que son suficientes para enfrentar el riesgo de incendio del local?

3. Aplicación de medidas preventivas y de protección

Introducción

La prevención de riesgos laborales, como conjunto de técnicas preventivas, requiere que se conozcan las medidas preventivas y de protección aplicables a cada supuesto para obtener los resultados más efectivos en materia de protección de la salud y seguridad de los trabajadores.

Contenido

3.1. Protección colectiva

Se define como protección colectiva aquella técnica de seguridad que tiene por objetivo la protección simultánea de varios trabajadores que se hallan expuestos a un determinado riesgo.

El artículo 15 de la LPRL, dedicado a los principios de la acción preventiva, señala que —dentro de las medidas para realizar respecto a la prevención de riesgos— deben adoptarse medidas que antepongan la protección colectiva a la individual.

Tras haber sido adoptadas dichas medidas, y como complemento de las mismas, se pueden emplear medidas de protección individual, es decir, las que son para uso exclusivo de una persona.

Como ejemplo, cabe mencionar el de un laboratorio de una empresa en el que se utiliza un producto que emite vapores tóxicos. Una medida de protección colectiva sería la colocación de una campana de extracción que aspire ese vapor tóxico.

Por otro lado, una medida de protección individual sería el empleo de una mascarilla por parte del trabajador. Desde el punto de vista de la prevención de riesgos laborales, es más efectiva la utilización de medidas de protección colectiva, ya que aportan un mayor nivel de seguridad y protegen a un mayor número de personas.

Ante un peligro potencial no basta con dotar de un equipo de protección individual al operario, sino que debe evitarse ese riesgo con una medida que proteja a la totalidad de la población expuesta, complementando tales medidas con los equipos de protección individual específicos.

3.1.1. Ventilación general o por dilución

La base de las técnicas de ventilación se encuentra en el suministro y extracción del aire de un local o edificio, de forma natural o mecánica. Con esta técnica se persigue sustituir un aire de características indeseables (por razones de humedad, temperatura, presencia de agentes químicos u olor desagradable), por otro aire con características que se estimen correctas para lograr unas condiciones ambientales previamente definidas.

El diseño de un sistema de ventilación para el control de riesgos para la salud se apoya en esta serie de principios generales:

- Calcular el caudal de aire preciso para conseguir una dilución suficiente del contaminante y mantener su concentración por debajo de un valor aceptable. El cálculo estará basado en la clase de contaminante, su nivel de generación y sus características físico-químicas.

- Situar las salidas de aire del local en la proximidad de los focos de contaminación, obteniendo así un cierto efecto «extracción localizada» en relación con ese foco, además de evitar que el agente se disperse totalmente dentro del local. Por lo que respecta a las entradas, se intentará que arrastren el aire limpio a las zonas más contaminadas, consiguiendo un cierto efecto «ventilación por desplazamiento».

- Tener presente el recorrido que cabe esperar del aire en la zona, de forma que, idealmente, la secuencia sea: entrada de aire-trabajador foco-salida de aire. Modelizar el movimiento de aire en un local es una tarea compleja. Aun así, ha de analizarse la posible existencia de zonas muertas, corrientes en el local provocadas por puertas, ventanas, movimientos naturales del aire como, por ejemplo, la tendencia ascensional del aire caliente. De igual forma, habrá de evitarse el posible disconfort térmico de los trabajadores o la percepción de corrientes de aire que resulten molestas.

- Prever la reposición del aire extraído considerando la totalidad de las fuentes que constituyen una demanda de aire (por ejemplo, los sistemas de extracción localizada). Caben dos situaciones diferentes:

  — Local a depresión o a presión negativa (en relación con la atmosférica): se extrae más aire que el que entra. Es una situación correcta cuando, además de la dilución de la contaminación del local, se pretende que esa contaminación no pase a otras áreas (por ejemplo, laboratorios, naves junto a oficinas, etc.). No obstante, si no existen puntos de suministro de aire o el local es muy hermético, esto irá en detrimento de la eficacia del sistema de ventilación, debido a que, al no poderse hacer el vacío, el caudal de extracción se reduce.

  — Local a sobrepresión o a presión positiva (en relación con la atmosférica): entra en el local más aire del que se extrae. El aire sobrante se distribuirá por las aberturas que encuentre. Esta situación está presente con frecuencia en edificios de oficinas en los que además de ventilar se prepara el aire que se suministrará a los locales. En este caso no se considera precisa la entrada incontrolada de aire del exterior sin tratar y a condiciones térmicas diferentes de las deseadas.

- Evitar que el aire extraído se introduzca de nuevo en el local descargándolo a una altura suficiente por encima de la cubierta o cerciorándose de que ninguna ventana, toma de aire exterior u otra abertura se halle situada en las proximidades del punto de descarga.

3.1.2. Ventilación local o por extracción localizada

Los sistemas de extracción localizada constituyen una de las técnicas más frecuentemente empleadas en la industria. Se acoplan a sistemas o procesos previamente existentes aunque su selección, diseño, empleo y mantenimiento son básicos para lograr la máxima eficiencia y rendimiento de los mismos.

Un sistema de extracción localizada consiste fundamentalmente de 5 componentes:

- **Receptor o campana extractora**: es la parte del sistema a través de la cual son efectivamente captados los contaminantes.

- **Conducto**: lugar por el que el aire extraído cargado de contaminante circula hasta el ventilador.

- **Purificador de aire, filtro**: sistema de tratamiento/purificación del aire del que, cuando la concentración, peligrosidad u otras características del contaminante lo aconsejen y de cara a la protección del medio ambiente atmosférico, dispone la instalación de extracción localizada.

- **Ventilador**: mecanismo que proporciona la energía necesaria para que el aire circule a través de la campana, el conducto y el depurador a un caudal establecido y venciendo la pérdida de carga del sistema.

- **Conducto de salida**: elemento por el que aire circula fuera del lugar en el que ha sido extraído.

El diseño de la campana de extracción y su localización son básicos para el correcto funcionamiento de los mismos, en caso contrario, el sistema puede resultar ineficiente aunque los demás componentes sean adecuados.

Se entiende que un sistema de extracción localizada funciona correctamente cuando, en las inmediaciones del foco del cual se pretende captar el contaminante emitido, su concentración se encuentra al nivel que se había previsto.

3.1.3. Pantallas, tabiques opacos o de vidrio

Las pantallas, los tabiques opacos y los de vidrio son elementos muy utilizados para proteger a los trabajadores del riesgo térmico.

Si se tiene presente que las aportaciones térmicas del ambiente pueden tener su origen en el interior de la empresa (generadas desde fuentes de calor presentes en el proceso de producción) o desde el exterior de la misma (calor procedente de la luz solar), los métodos de corrección y control del medio ambiente de trabajo han de dirigirse primeramente a las fuentes de calor, para, con posterioridad, analizar los métodos de acondicionamiento del aire y, en último caso, actuar sobre cada uno de los trabajadores afectados dotándolos de los correspondientes equipos de protección individual.

Los principales medios de actuación para enfrentar el riesgo de estrés térmico por alta temperatura son los siguientes:

FORMAS DE ACTUACIÓN FRENTE AL ESTRÉS TÉRMICO POR ALTA TEMPERATURA		
ACTUACIÓN SOBRE LAS FUENTES DE CALOR	Protección contra las fuentes de calor exteriores.	• Tabiques opacos. • Tabiques de vidrio.
	Protección contra las fuentes de calor interiores.	• Convectivas: campanas extractoras. • Radioactivas: pantallas.
ACTUACIÓN SOBRE EL MEDIO	Ventilación de locales. Acondicionamiento de aire.	
ACTUACIÓN SOBRE EL INDIVIDUO	Reducción de la producción de calor metabólico. Limitación de la duración de la exposición. Creación de un microclima en el puesto de trabajo. Control médico. Protección individual.	

3.1.4. Barandillas

Las plataformas, andamios y pasarelas, así como los desniveles, huecos y aberturas existentes en los pisos de las obras que supongan para los trabajadores un riesgo de caída de altura superior a 2 metros, se protegerán mediante barandillas u otro sistema de protección colectiva de seguridad equivalente. Las barandillas serán resistentes, tendrán una altura mínima de 90 centímetros y dispondrán de un reborde de protección, un pasamanos y una protección intermedia que impidan el paso o deslizamiento de los trabajadores.

La altura de 2 metros a la que se hace mención se medirá desde la superficie en la que esté situado el trabajador hasta la del nivel inferior en la que quedaría retenido el mismo si no se dispusiera de un medio de protección.

No obstante, además del desnivel de caída, puede existir un peligro adicional debido a la naturaleza del lugar en el que se pueda producir la caída (esperas de ferralla, zona de paso de maquinaria, etc.). Por ello, será la evaluación de riesgos la que determinará la necesidad, en su caso, de adoptar medidas de prevención o protección frente al riesgo de caída. La altura mínima de las barandillas se fija, al igual que en otra normativa, en 90 centímetros.

Cuando sea necesario para evitar el paso o deslizamiento de los trabajadores o la caída por deslizamiento de los objetos utilizados en los trabajos, las barandillas deberán disponer, respectivamente, de una protección intermedia y de un rodapié.

A título orientativo, cabe reseñar que las normas UNE indican que el espacio libre entre el pasamanos y la protección intermedia no debe ser superior a 47 cm, y en cuanto al rodapié, que su altura sea, como mínimo, de 15 cm con respecto al nivel adyacente del área de trabajo.

Además, los huecos y ranuras de un rodapié no deberían, excepto para registros, ser más anchos de 2,50 cm en una dirección. Se entiende como «otros sistemas de protección colectiva de seguridad equivalente» a la proporcionada por las barandillas aquellos destinados a impedir la caída a distinto nivel, por cerramiento o por interposición de barreras físicas tales como redes de seguridad verticales, de rigidez y resistencia adecuadas.

3.1.5. Redes de prevención, de protección y elásticas

Con respecto a la comercialización de las redes de seguridad, se considera que una red de seguridad es válida cuando reúna los requisitos de seguridad y salud incluidos en las disposiciones normativas de obligado cumplimiento.

En los aspectos de dichas disposiciones normativas regulados por normas técnicas que sean transposición de una norma europea armonizada, se presumirá que también una red de seguridad es segura cuando sea conforme a tales normas.

Cuando no exista disposición normativa de obligado cumplimiento aplicable, o esta no cubra todos los riesgos o categorías de riesgos de la red de seguridad, para evaluar su seguridad garantizando siempre el nivel de seguridad, se tendrán en cuenta los siguientes elementos:

- Normas técnicas nacionales que sean transposición de normas europeas no armonizadas.
- Normas UNE.
- Códigos de buenas prácticas.
- Estado actual de los conocimientos y de la técnica.

En la elección y utilización de las redes de seguridad, siempre que sea técnicamente posible por el tipo de trabajos que se ejecuten, se dará prioridad a las redes que evitan la caída frente a aquellas que solo limitan o atenúan las posibles consecuencias de dichas caídas.

Con independencia de la obligatoriedad de cumplir las normas técnicas previstas para cada tipo de red, estas solo se deberán instalar y utilizar conforme a las instrucciones previstas, en cada caso, por el fabricante, se estudiará, con carácter previo a su montaje, el tipo de red más adecuado frente al riesgo de caída de altura en función del trabajo que vaya a ejecutarse.

El montaje y desmontaje sucesivos serán realizados por personal formado e informado.

La estabilidad y solidez de los elementos de soporte y el buen estado de las redes deberán verificarse previamente a su uso, posteriormente de forma periódica, y cada vez que sus condiciones de seguridad puedan resultar afectadas por una modificación, período de no utilización o cualquier otra circunstancia.

Se almacenarán en lugares secos.

Una vez retiradas las redes, deberán reponerse los sistemas provisionales de protección de borde.

3.1.6. Resguardos fijos o móviles

Cuando los elementos móviles de un equipo de trabajo puedan entrañar riesgos de accidente por contacto mecánico, deberán ir equipados con resguardos o dispositivos que impidan el acceso a las zonas peligrosas o que detengan las maniobras peligrosas antes del acceso a dichas zonas.

Los resguardos y los dispositivos de protección:

- Serán de fabricación sólida y resistente.

- No ocasionarán riesgos suplementarios.

- No deberá ser fácil anularlos o ponerlos fuera de servicio.

- Deberán estar situados a suficiente distancia de la zona peligrosa.

- No deberán limitar más de lo imprescindible o necesario la observación del ciclo de trabajo.

- Deberán permitir las intervenciones indispensables para la colocación o la sustitución de las herramientas, y para los trabajos de mantenimiento, limitando el acceso únicamente al sector en el que deba realizarse el trabajo sin desmontar, a ser posible, el resguardo o el dispositivo de protección.

En general, no es necesario acceder a los elementos de transmisión cuando están en movimiento. Por tanto, la solución más sencilla para impedir que se puedan alcanzar consiste en colocar resguardos fijos. Si es preciso acceder a ellos con frecuencia, normalmente será necesario emplear resguardos móviles asociados a un dispositivo de enclavamiento o bien dispositivos sensibles.

En la práctica, las máquinas viejas están a menudo equipadas con resguardos móviles sin enclavamiento; en estos casos será necesario transformarlos en fijos, ponerles una cerradura con llave o asociarlos a un dispositivo que permita garantizar el enclavamiento entre dichos resguardos y los accionadores.

Siempre que sea posible, se debe impedir totalmente el acceso a los elementos móviles de trabajo; para conseguirlo, se pueden emplear resguardos fijos (en las partes a las que no es preciso acceder normalmente), resguardos móviles asociados a un dispositivo de enclavamiento o de enclavamiento y bloqueo, o bien dispositivos de protección (barreras fotoeléctricas, mandos a dos manos, etc.), que garanticen la parada de los elementos móviles antes de que se pueda acceder a ellos.

Cuando la naturaleza del trabajo hace necesario acceder a una parte del elemento móvil (por ejemplo, en el caso de las sierras circulares para cortar madera, sierras de cinta para metal o sierras para material cerámico), es preciso colocar resguardos móviles fácilmente regulables en dicha parte, que limiten en lo posible el acceso a la sierra, y resguardos fijos en las partes restantes.

Finalmente, si los elementos móviles deben ser accesibles, se pueden adoptar medidas técnicas para reducir las consecuencias de un accidente (por ejemplo, limitar velocidades, utilizar dispositivos de parada de emergencia adecuadamente dispuestos), así como otras medidas preventivas complementarias (formación, procedimientos de trabajo, protección individual, etc.). En la selección de una medida de protección se deben tener en cuenta el riesgo que se va a tratar, las condiciones del equipo de trabajo y de su utilización y las tareas que se van a realizar.

3.1.7. Dispositivos de protección (mando sensitivo, pantallas móviles, dispositivos sensibles)

El mando sensitivo es un dispositivo de mando que pone y mantiene en marcha los elementos peligrosos mientras el órgano de accionamiento se mantiene accionado. Cuando se suelta el órgano de accionamiento, este retorna automáticamente a la posición correspondiente a la parada. El órgano de accionamiento suele ser un pulsador o un pedal.

Aparte de su utilización para la puesta en marcha y parada de ciertos tipos de máquinas, tales como las máquinas portátiles, este dispositivo de mando se suele utilizar conjuntamente con otras medidas preventivas, tales como la velocidad o el esfuerzo reducido, aunque también puede ir acompañado de otros dispositivos de protección, tales como las barras sensibles. En general, en estas condiciones se necesita un dispositivo de selección para anular el sistema de protección previsto para el proceso de trabajo y permitir este modo de mando y funcionamiento.

En general, es conveniente, en la medida de lo posible, separar o aislar ciertos equipos como los de soldadura, esmerilado, granallado, etc., que pueden dar lugar a proyecciones o radiaciones peligrosas. En determinadas aplicaciones, el uso de mamparas o de pantallas movibles puede proporcionar la protección adecuada. Dependiendo del tipo de peligro, será preciso utilizar equipos de protección individual (gafas, pantallas...) y la ropa de trabajo adecuados. Si es preciso, se adoptarán las medidas adecuadas de tipo organizativo.

Los dispositivos sensibles son elementos que provocan la parada y/o inhiben la puesta en marcha del equipo de trabajo, de sus elementos peligrosos o de una función peligrosa cuando una persona o parte de su cuerpo rebasa un límite de seguridad o acciona voluntaria o involuntariamente el dispositivo sensible.

Dichos dispositivos pueden efectuar una o varias de las funciones siguientes:

- Ordenar la parada, generalmente de forma rápida, de los elementos peligrosos.

- Ordenar la parada y detectar la presencia, impidiendo en este caso la nueva puesta en marcha de la máquina hasta que el operador salga de la zona de detección y se rearme el sistema.

- Actuar como dispositivo detector de presencia, impidiendo en este caso cualquier puesta en marcha de los elementos peligrosos o el desarrollo de funciones peligrosas, cuando el dispositivo detecta la presencia del operador en la zona peligrosa.

- Actuar como sistema de protección y mando (generalmente una barrera o cortina fotoeléctrica), ordenando en este caso el movimiento peligroso solamente cuando los elementos peligrosos están en una posición determinada y, dependiendo del sistema de trabajo, se ha detectado un corte seguido de una liberación de los haces (una interrupción), o dos maniobras corte/liberación seguidas de los haces (dos interrupciones).

3.2. Equipos de protección individual (EPI)

Se entenderá por «equipo de protección individual» cualquier equipo destinado a ser llevado o sujetado por el trabajador para que lo proteja de uno o varios riesgos que puedan amenazar su seguridad o su salud, así como cualquier complemento o accesorio destinado a tal fin.

Se excluyen de la definición expuesta:

- La ropa de trabajo corriente y los uniformes que no estén específicamente destinados a proteger la salud o la integridad física del trabajador.

- Los equipos de los servicios de socorro y salvamento.

- Los equipos de protección individual de los militares, de los policías y de las personas de los servicios de mantenimiento del orden.

- Los equipos de protección individual de los medios de transporte por carretera.

- El material de deporte.

- El material de autodefensa o de disuasión.

- Los aparatos portátiles para la detección y señalización de los riesgos y de los factores de molestia.

El empresario estará obligado a:

- Determinar los puestos de trabajo en los que deba recurrirse a la protección individual y precisar, para cada uno de estos puestos, el riesgo o riesgos frente a los que debe ofrecerse protección, las partes del cuerpo que proteger y el tipo de equipo o equipos de protección individual que deberán utilizarse.

- Elegir los equipos de protección individual manteniendo disponible en la empresa o centro de trabajo la información pertinente a este respecto y facilitando información sobre cada equipo.

- Proporcionar gratuitamente a los trabajadores los equipos de protección individual que deban utilizar, reponiéndolos cuando resulte necesario.

- Velar por que la utilización de los equipos se realice correctamente.

- Asegurar que el mantenimiento de los equipos se realice de forma adecuada.

Los equipos de protección individual deberán utilizarse cuando existan riesgos para la seguridad o salud de los trabajadores que no hayan podido evitarse o limitarse suficientemente por medios técnicos de protección colectiva o mediante medidas, métodos o procedimientos de organización del trabajo.

La utilización, el almacenamiento, el mantenimiento, la limpieza, la desinfección cuando proceda, y la reparación de los equipos de protección individual deberán efectuarse de acuerdo con las instrucciones del fabricante.

Salvo en casos particulares excepcionales, los equipos de protección individual solo podrán utilizarse para los usos previstos.

Los equipos de protección individual proporcionarán una protección eficaz frente a los riesgos que motivan su uso, sin suponer por sí mismos u ocasionar riesgos adicionales ni molestias innecesarias. A tal fin deberán:

- Responder a las condiciones existentes en el lugar de trabajo.

- Tener en cuenta las condiciones anatómicas y fisiológicas y el estado de salud del trabajador.

- Adecuarse al portador, tras los ajustes necesarios.

En caso de riesgos múltiples que exijan la utilización simultánea de varios equipos de protección individual, estos deberán ser compatibles entre sí y mantener su eficacia en relación con el riesgo o riesgos correspondientes.

En cualquier caso, los equipos de protección individual deberán reunir los requisitos establecidos en cualquier disposición legal o reglamentaria que les sea de aplicación, en particular en lo relativo a su diseño y fabricación.

Las condiciones en que un equipo de protección deba ser utilizado, en particular, en lo que se refiere al tiempo durante el cual haya de llevarse, se determinarán en función de:

- La gravedad del riesgo.

- El tiempo o frecuencia de exposición al riesgo.

- Las condiciones del puesto de trabajo.

- Las prestaciones del propio equipo.

- Los riesgos adicionales derivados de la propia utilización del equipo que no hayan podido evitarse.

Los equipos de protección individual estarán destinados, en principio, a un uso personal. Si las circunstancias exigiesen la utilización de un equipo por varias personas, se adoptarán las medidas necesarias para que ello no origine ningún problema de salud o de higiene a los diferentes usuarios.

Los trabajadores, con arreglo a su formación y siguiendo las instrucciones del empresario, deberán:

- Utilizar y cuidar correctamente los equipos de protección individual.

- Colocar el equipo de protección individual después de su utilización en el lugar indicado para ello.

- Informar de inmediato a su superior jerárquico directo de cualquier defecto, anomalía o daño apreciado en el equipo de protección individual utilizado que, a su juicio, pueda entrañar una pérdida de su eficacia protectora.

3.2.1. Protección del cráneo

De acuerdo con la Norma UNE-EN 397: 1995, un casco de protección para la industria es una prenda para cubrir la cabeza del usuario que está destinada esencialmente a proteger la parte superior de la cabeza contra heridas producidas por objetos que caigan sobre el mismo.

Para lograr esta capacidad de protección y reducción de las consecuencias dañinas de los impactos en la cabeza, el casco ha de contar con una serie de elementos que se describirán en un párrafo posterior, cuyo funcionamiento, de forma conjunta, tenga la capacidad de cumplir las siguientes condiciones:

- Limitar la presión que se aplica al cráneo, mediante la distribución de la fuerza de impacto sobre la máxima superficie posible.

- Desviar los objetos que caigan, mediante una forma correctamente lisa y redondeada.

- Disipar y dispersar la energía del impacto, de forma que no se transmita en su integridad tanto a la cabeza como al cuello.

Los cascos empleados para trabajos especiales han de cumplir otros requisitos adicionales, tales como la protección frente a salpicaduras de metal fundido o la protección frente a contactos eléctricos, entre otros.

Los principales elementos de un casco de seguridad son los siguientes:

- **Casquete:** elemento de material duro y de terminación lisa que constituye la forma externa general del casco.

- **Visera:** es una prolongación del casquete por encima de los ojos.

- **Ala:** es el borde que circunda el casquete.

- **Arnés:** es el conjunto completo de elementos que constituyen un medio de mantener el casco en posición sobre la cabeza y de absorber energía cinética durante un impacto.

- **Banda de cabeza:** es la parte del arnés que rodea total o parcialmente la cabeza por encima de los ojos a un nivel horizontal que representa aproximadamente la circunferencia mayor de la cabeza.

- **Banda de nuca:** es una banda regulable que se ajusta detrás de la cabeza bajo el plano de la banda de cabeza y que puede ser una parte integrante de dicha banda de cabeza.

- **Barboquejo:** es una banda que se acopla bajo la barbilla para ayudar a sujetar el casco sobre la cabeza. Este elemento es opcional en la constitución del equipo, y no todos los cascos tienen por qué disponer obligatoriamente de él.

La máxima protección frente a la perforación la proporcionan los cascos fabricados en materiales termoplásticos (policarbonatos, ABS, polietileno y policarbonato con fibra de vidrio) dotados de un arnés de calidad.

Los cascos de aleaciones metálicas ligeras no resisten adecuadamente la perforación efectuada por objetos agudos o con bordes afilados.

No deben emplearse cascos con salientes interiores, dado que pueden provocar lesiones graves si se produce un golpe lateral. Pueden estar provistos de un relleno protector lateral que no sea inflamable ni se funda con el calor.

Los cascos fabricados con aleaciones ligeras o provistos de un reborde lateral no deben utilizarse en lugares de trabajo expuestos al peligro de salpicaduras de metal fundido.

Cuando existe un peligro de contacto con conductores eléctricos que se hallen desnudos, deben emplearse únicamente cascos de materiales termoplásticos.

Han de carecer de orificios de ventilación y, adicionalmente, los remaches y otras posibles piezas metálicas no han de asomar por el exterior del armazón.

Los cascos destinados a ser usados por personas que trabajan en lugares altos, especialmente los montadores de estructuras metálicas, deben estar dotados de barboquejo.

Con el objetivo de mejorar la comodidad térmica del casquete, este habrá de ser de color claro y contar con orificios de ventilación.

3.2.2. Protección de la cara y del aparato visual

Definiciones:

- **Protector ocular.** EPI destinado a la protección de la parte externa del globo ocular y zonas anatómicas próximas. Se emplea frecuentemente el nombre de «gafa de protección».

- **Protector facial.** Extiende el campo de protección a parte o la totalidad de la cara del usuario. Se conoce también como «pantalla facial».

Con el objetivo de proteger los ojos y la cara, los riesgos se clasifican en alguno de los siguientes grupos:

- Impactos o golpes.

- Salpicaduras de líquidos.Presencia de gases o polvo en suspensión.

- Radiaciones electromagnéticas no ionizantes. Según el ancho de banda en que sean emitidas, se distinguen las de:

  — Soldadura.

  — Solar. Ultravioleta.

  — Infrarroja. Láser.

Dado que no causan igual daño, por ejemplo, los impactos causados por partículas de madera en un aserradero que un trozo de muela rota que se desprende de una desbarbadora portátil, los EPI deben ofrecer la protección frente a los riesgos laborales adecuada a los diferentes niveles de riesgo.

No puede hablarse de un criterio único para clasificar los EPI en este sentido. Así, puede señalarse que dependiendo de su resistencia a los impactos existen cuatro clases de EPI, mientras que se definen diecinueve grados de protección distintos en los oculares frente a radiaciones de soldadura.

Clase de protección de un ocular filtrante:

Las características de transmitancia de un filtro se encuentran representadas por la denominada «clase de protección» filtrante. Se trata de una identificación que obligatoriamente ha de venir marcada en cada filtro, y se compone de la combinación de dos elementos:

- El denominado «código» que indica al tipo de radiaciones para las que es utilizable el filtro.

- Un número correspondiente al «grado de protección» (N) del filtro o nivel de protección que se ofrece frente a cada tipo de radiaciones, separados por un guion.

La clase de protección ofrecida por los filtros de soldadura no incluye el número de código, sino exclusivamente el que muestra su grado de protección. En un mismo ocular filtrante, en función de sus características, puede indicarse más de un «grado de protección».

Grado de protección filtrante:

En función de si la fuente radiante emite en una banda que sea ancha (soldadura, ultravioleta, infrarroja, solar) o en una banda que sea muy estrecha (láser), la expresión utilizada para determinar el valor de N es distinta.

En el supuesto de filtros contra la radiación láser, su grado de protección solo se encuentra en relación con el valor de la transmisión espectral del filtro en la longitud de onda a la que emite el láser frente al cual ofrece la correspondiente protección.

Los grados de protección de estos filtros se eligen básicamente teniendo en cuenta el tipo de proceso de que se trate: soldadura eléctrica, autógena... y, dentro de ellos, de acuerdo a otros parámetros caracterizadores de la distribución espectral de la radiación emitida.

3.2.3. Protección del aparato auditivo

Los equipos de protección auditiva son dispositivos cuya finalidad es reducir el nivel de presión acústica en los conductos auditivos con el objetivo de no producir daño en el individuo que se halla expuesto.

Debe diferenciarse, fundamentalmente, entre los siguientes protectores:

- Tapones.

- Tapones con arco.

- Auriculares de protección.

A su vez, ha de diferenciarse entre:

- **Protectores auditivos externos**: orejeras. Son casquetes que cubren las orejas y se adaptan mediante almohadillas. Habitualmente se forran con un material que absorba el sonido. Están unidos entre sí mediante una banda de presión o arnés metálico o plástico.

- **Protectores auditivos internos**: tapones. Se trata de protectores que se introducen en el canal auditivo o en la cavidad de la oreja, con el objetivo de bloquear su entrada. Pueden ser desechables (un solo uso) o reutilizables (admiten más de un uso).

De conformidad con lo dispuesto en el artículo 17.2 de la Ley 31/1995 y la normativa sobre disposiciones mínimas de seguridad y salud relativas a la utilización por los trabajadores de equipos de protección individual, de no haber otros medios de prevenir los riesgos derivados de la exposición al ruido, se pondrán a disposición de los trabajadores, para que los usen, protectores auditivos individuales apropiados y correctamente ajustados, con arreglo a las siguientes condiciones:

- Cuando el nivel de ruido supere los valores inferiores de exposición que dan lugar a una acción, el empresario pondrá a disposición de los trabajadores protectores auditivos individuales. Mientras se ejecuta el programa de medidas establecido y en tanto el nivel de ruido sea igual o supere los valores máximos de exposición que dan lugar a una acción, se utilizarán protectores auditivos individuales. Los protectores auditivos individuales se seleccionarán para que supriman o reduzcan al mínimo el riesgo.

El empresario deberá hacer cuanto esté en su mano para que se utilicen protectores auditivos, fomentando su uso cuando este no sea obligatorio y velando porque se utilicen cuando sea obligatorio. Asimismo, incumbirá al empresario la responsabilidad de comprobar la eficacia de las medidas adoptadas de conformidad con lo indicado previamente.

3.2.4. Protección de las extremidades superiores

Los guantes pueden fabricarse en una amplia diversidad de materiales que, en función de sus características, proporcionarán un tipo u otro de protección.

En general, podemos englobarlos en:

- Cueros o lonas.

- Entramados metálicos (aramidas, aluminizados...).

- Textiles o textiles recubiertos.

- Materiales resistentes al paso de líquidos y productos químicos.

- Goma aislante.

La mayoría de las normas europeas referentes a guantes de protección señalan que estos deben ir marcados con un pictograma con forma de escudo en cuyo interior se halla el símbolo correspondiente al tipo de riesgo frente al cual protege.

El símbolo de protección junto con la referencia a un número de norma implica una lista de niveles de prestación obtenidos en uno o diversos ensayos de laboratorio.

Por otra parte, un pictograma con forma de cuadrado muestra la aplicación prevista, representada por la figura de su interior.

El nivel de prestación se define como el número que indica una categoría particular o un rango de prestación a través del cual pueden graduarse los resultados de un ensayo.

Un nivel alto se vincula con una mayor protección.

Los niveles de prestación se encuentran basados en resultados de laboratorio, lo cual no refleja de forma directa las condiciones reales del puesto de trabajo. Estos niveles, de todas formas, sirven para comparar productos diseñados para ofrecer un mismo tipo de protección y tener idea del grado de resistencia o comportamiento del material frente a un determinado tipo de agresión.

Tipo de guante de protección	Pictograma
Contra riesgos mecánicos	UNE EN 388
Contra el frío	UNE EN 511
Contra riesgos térmicos (calor y/o fuego)	UNE EN 407
Para bomberos	UNE EN 659
Para soldadores	UNE EN 12477
Contra los productos químicos y los microorganismos	UNE EN 374
Contra radiaciones ionizantes y la contaminación radiactiva	UNE EN 421
Contra sierras de cadena	UNE EN 381
Cortes y pinchazos producidos por cuchillos de mano	UNE EN 1082
Guantes antivibraciones	UNE EN ISO 10819

El rango de los niveles de prestación oscila entre 0 y 4, 5 o 6. El nivel 0 supone que el resultado se halla por debajo del valor mínimo establecido para el riesgo dado mientras que 4, 5 o 6 supone el mayor valor posible y por ello el más efectivo. Una «X» representando el resultado de un ensayo significa que ese guante no ha sido sometido al ensayo o que el método no es el adecuado para el diseño o material del guante.

3.2.5. Protección de las extremidades inferiores

Pueden diferenciarse, en términos generales, tres clases de calzados:

- **Calzado de seguridad**: calzado que incluye elementos para proteger al usuario de los riesgos que puedan generar accidentes. Está equipado con tope de seguridad con la finalidad de proteger la parte delantera del pie y está diseñado para dotar al trabajador de protección contra el impacto cuando es ensayado con un nivel de energía de, al menos, 200 J y contra la compresión cuando es ensayado con una carga de, al menos, 15 kN.

- **Calzado de protección**: calzado que está dotado con elementos para proteger al trabajador de riesgos que puedan causar accidentes, equipado con tope de seguridad para proteger la parte delantera del pie, y que se encuentra diseñado para ofrecer protección contra el impacto cuando es ensayado con un nivel de energía de, al menos, 100 J y contra la compresión cuando se ensaya con una carga de, al menos, 10 kN.

- **Calzado de trabajo**: calzado que incluye elementos para proteger al trabajador de riesgos que puedan producir accidentes. No asegura protección contra el impacto y la compresión en la parte delantera del pie.

Por otra parte, y en función del material de fabricación, pueden diferenciarse dos clasificaciones:

Clasificación I: calzado que ha sido fabricado con cuero y otros materiales, exceptuados los calzados totalmente fabricados en caucho o polimérico.

Clasificación II: calzado fabricado íntegramente de caucho (por ejemplo, totalmente vulcanizado) o todo polimérico (por ejemplo, íntegramente moldeado).

REQUISITOS		SÍMBOLO
Requisitos básicos	Calzado de seguridad	SB
	Calzado de protección	PB
	Calzado de trabajo	OB
Requisitos adicionales	Resistencia a la perforación	P
	Propiedades eléctricas	
	Calzado conductor	C
	Calzado antiestático	A
	Calzado eléctricamente aislante	I (Véase figura 1)
	Resistencia a ambientes agresivos	
	Aislamiento del calor	HI
	Aislamiento del frío	CI
	Absorción de energía del tacón	E
	Resistencia al agua	WR
	Protección del metatarso	M
	Protección del tobillo	AN
	Penetración y absorción de agua	WRU
	Resistencia al corte	CR
	Resistencia al calor por contacto	HRO
	Resistencia a los hidrocarburos[1]	FO
	Resistencia al corte por sierra de cadena accionada a mano	Véase figura 2
	Calzado para bomberos	Véase figura 3
	Calzado resistente a productos químicos	Véase figura 5

1 Este requisito solo es opcional en el calzado de trabajo, para el calzado de seguridad y el calzado de protección es un requisito básico, por lo que el correspondiente marcado solo podrá aparecer en el calzado de trabajo.

Símbolos en el marcado del calzado.

Clasificación	CATEGORÍAS		
	Calzado de seguridad	Calzado de protección	Calzado de trabajo
I	**SB** solo requisitos básicos	**PB** solo requisitos básicos	**OB** requisitos básicos más uno de los requisitos adicionales de la tabla 2
	S1 Talón cerrado Antiestático Absorción de energía del tacón	**P1** Talón cerrado Antiestático Absorción de energía del tacón	**O1** Talón cerrado Antiestático Absorción de energía del tacón
	S2 S1 Penetración y absorción de agua	**P2** P1 Penetración y absorción de agua	**O2** O1 Penetración y absorción de agua
	S3 S2 Resistencia a la perforación Suela con resaltes	**P3** P2 Resistencia a la perforación Suela con resaltes	**O3** O2 Resistencia a la perforación Suela con resaltes
II	**S4** Antiestático Absorción de energía del tacón	**P4** Antiestático Absorción de energía del tacón	**O4** Antiestático Absorción de energía del tacón
	S5 S4 Resistencia a la perforación Suela con resaltes	**P5** P4 Resistencia a la perforación Suela con resaltes	**O5** O4 Resistencia a la perforación Suela con resaltes

Categorías de calzado en base a la combinación de requisitos básicos y adicionales.

3.2.6. Protección de vías respiratorias

Los equipos de protección respiratoria se definen como equipos de protección individual de las vías respiratorias en los que la protección contra los contaminantes aerotransportados se logra reduciendo la concentración de los mismos en el área de inhalación por debajo de los niveles de exposición que están recomendados.

Básicamente existen los siguientes tipos de protectores:

- **Dependientes del medio ambiente (equipos filtrantes)**

  El aire inhalado pasa a través de un filtro en el que se eliminan los contaminantes. A su vez se clasifican en:

  — Equipos filtrantes contra partículas.

    ✓ Filtro contra partículas + adaptador facial.

    ✓ Mascarilla filtrante contra partículas.

    ✓ Equipos filtrantes ventilados (cascos, capuchas, etc.).

  — Equipos filtrantes contra gases y vapores.

    ✓ Filtro para gases + adaptador facial.

    ✓ Mascarilla filtrante contra gases y vapores.

    ✓ Equipos filtrantes contra partículas, gases y vapores.

    ✓ Filtro combinado + adaptador facial.

    ✓ Mascarilla filtrante contra partículas, gases y vapores.

- **Independientes del medio ambiente (equipos aislantes)**

  Ofrecen protección tanto para atmósferas contaminadas como para la deficiencia de oxígeno. Su fundamento es el suministro de un gas no contaminado respirable (aire u oxígeno). Se clasifican del siguiente modo:

  — No autónomos.

    ✓ De manguera:

      ▪ Sin asistencia.

      ▪ Manualmente asistidos.

      ▪ Asistidos con ventilador.

✓ Con línea de aire comprimido:

- De flujo continuo.

- A demanda.

- A demanda, de presión positiva.

- Autónomos.

  ★ De circuito abierto:

    ☞ De aire comprimido.

    ☞ De aire comprimido, a demanda con presión positiva.

  ★ De circuito cerrado:

    ☞ De oxígeno comprimido.

    ☞ De oxígeno líquido.

    ☞ De generación de oxígeno.

Existen, adicionalmente, autorrescatadores. Se trata de un elemento de autosalvamento respiratorio de uso personal para ser usado por el trabajador mientras evacúa la zona o área que se halla contaminada por gases tóxicos producidos por incendios en minas subterráneas.

Los riesgos que deben cubrirse mediante los protectores y que han de tenerse en cuenta para determinar el equipo de protección respiratorio que emplear son los siguientes:

Riesgos	Origen y forma de los riesgos	Factores que se deben tener en cuenta desde el punto de vista de la seguridad para la elección y utilización del equipo
Acciones de sustancias peligrosas contenidas en el aire respirable.	Contaminantes atmosféricos en forma de partículas (polvos, humos, aerosoles).	Filtros de partículas de eficacia apropiada (clase de filtración) a la concentración, a la toxicidad/nocividad para la salud y al espectro granulométrico de las partículas. Merecen especial atención las partículas líquidas (gotitas, nieblas).

Continúa en la página siguiente

	Contaminantes en forma de gases y vapores.	Elección de los tipos de filtro antigás apropiados y de las clases en función de las concentraciones, la toxicidad/ nocividad para la salud, la duración de la utilización prevista y las dificultades del trabajo.
	Contaminantes en forma de aerosoles de partículas y de gases.	Elección de las combinaciones apropiadas de filtros análoga a la de los filtros frente a las partículas y los filtros antigás.
Falta de oxígeno en el aire respirable.	Retención del oxígeno. Descenso del oxígeno.	Garantía de alimentación de aire respirable del equipo. Respeto de la capacidad de suministro de aire respirable del equipo en relación con el tiempo de intervención.

3.2.7. Protección contra agresivos

Existen, fundamentalmente, seis tipos de trajes de protección química:

- **Tipo 1:** protegen todo el cuerpo. Las uniones y costuras son herméticas y se hallan integradas en el mismo traje, del mismo modo que las conexiones con los demás elementos como las botas o los guantes. Existen diversos diseños en función de que el equipo de protección respiratoria se halle dentro o fuera del traje.

- **Tipo 2:** la protección viene derivada de la presión positiva (y no de que las uniones y costuras sean herméticas), que imposibilita la entrada de elementos contaminantes desde el exterior del traje.

- **Tipo 3:** se emplean en situaciones tales como plantas de industrias químicas en las que pueden producirse salpicaduras de productos en forma de chorro. Este tipo de traje cuenta con cremalleras y costuras selladas para impedir que se produzca la entrada de líquidos con presión.

- **Tipo 4:** se utilizan en ocasiones en que se produce la exposición a partículas finas de líquidos, en los que el cuerpo entero se halla en riesgo de contactar con el producto químico. Cuentan con un nivel de protección en cremalleras y uniones menores que los de categoría 3, dado que los líquidos que son pulverizados ejercen una presión inferior a la del chorro de un líquido.

- **Tipo 5:** protegen frente a partículas sólidas en suspensión. Suelen ser desechables y se emplean en situaciones tales como la exposición a fibras de amianto.

- **Tipo 6:** supone el más limitado nivel de protección frente a riesgos químicos. Se emplea en los casos en que el riesgo es bajo. El material con el que está fabricado es transpirable, no teniendo el carácter de permeable.

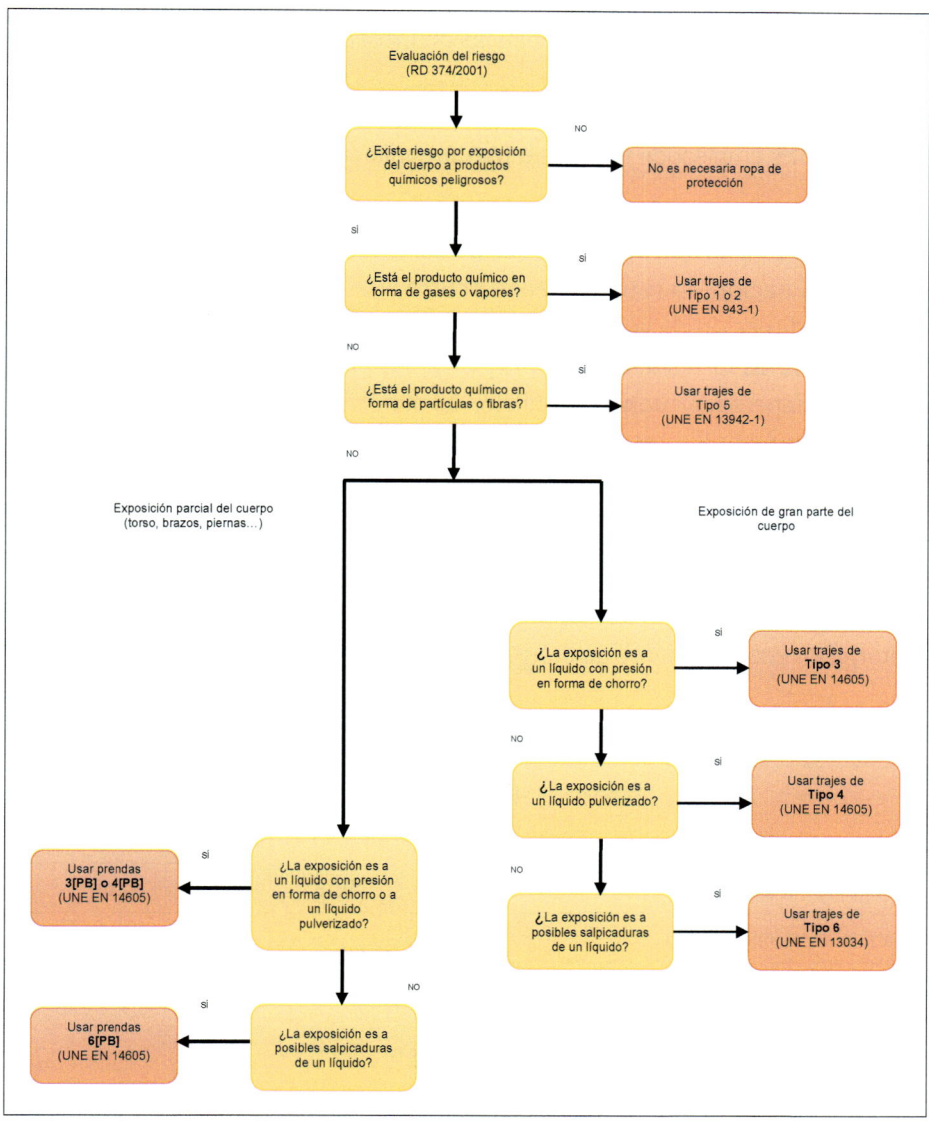

Esquema de selección del equipo de protección frente a riesgos químicos.

3.2.8. Prendas de señalización

Las prendas de alta visibilidad tienen por objeto proteger a los trabajadores frente al riesgo de sufrir un atropello por parte de un vehículo o equipo manejado por personas que, de otra forma, no habrían podido observarlos. El trabajador que emplea estas prendas ha de poder ser detectado en situaciones de riesgo, bajo la luz diurna o los focos de un vehículo o equipo que se halla en movimiento en la oscuridad.

Este tipo de prendas está fabricado con dos clases de materiales:

- **Material de fondo (fluorescente):** convierten la luz ultravioleta invisible en luz visible. Estos colores tienen las propiedades precisas para incrementar la visibilidad diurna. Devuelven una luz más visible que la previamente absorbida, lo que convierte a las prendas en más coloridas y brillantes. Los colores empleados suelen ser rojo, amarillo y rojo anaranjado.

- **Material retrorreflectante:** cuenta con propiedades de retrorreflexión, propiedad física que ayuda al ojo a percibir la luz en condiciones de reducida iluminación. La retrorreflexión ocurre cuando los rayos de luz retornan a la dirección de la que provenían. Una elevada cantidad de luz reflejada vuelve de forma directa a la fuente de luz original. Dado que muy poca luz es dispersada cuando se refleja, los materiales retrorreflectantes aparecen más brillantes al observador siempre que se halle localizado cerca de la fuente de luz origen.

Las prendas de señalización se clasifican en tres tipos. Cada uno de los cuales ha de contar con una superficie mínima de los materiales visibles que integran la prenda. A mayor clase, se consigue un más alto nivel de protección. La clase 3 otorga el reconocimiento de la figura humana y visibilidad en 360°.

Superficies mínimas exigidas de material visible en m²			
	Prendas de clase 3	**Prendas de clase 2**	**Prendas de clase 1**
Material de fondo	0,80	0,50	0,14
Material retrorreflectante	0,20	0,13	0,10
Material combinado	--	--	0,20

3.2.9. Protección contra caída en altura

Los sistemas anticaídas están constituidos por un dispositivo de prensión del cuerpo y un subsistema de conexión.

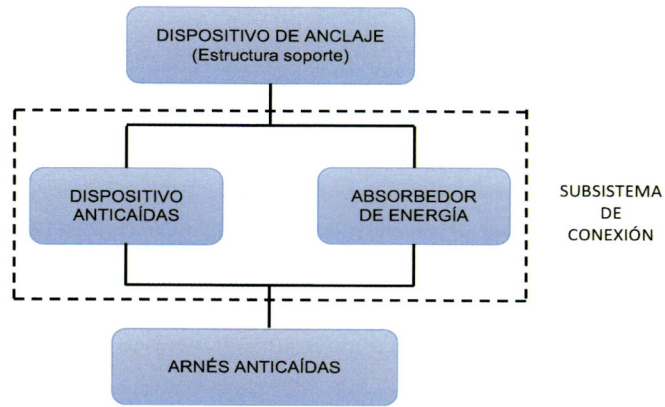

El arnés anticaídas es el dispositivo de prensión que tiene por objetivo retener el cuerpo que se encuentra en caída y garantizar la posición adecuada de la persona tras haberse producido la parada de la caída.

El subsistema de conexión facilita el enganche del arnés anticaídas al dispositivo de anclaje que se encuentra en la estructura soporte. Está integrado por un dispositivo de parada y los conectores necesarios situados en cada uno de los extremos del subsistema. El subsistema de conexión es el responsable de conseguir que la distancia vertical recorrida por el cuerpo en la caída sea la mínima posible y la fuerza transmitida al cuerpo durante el frenado de la misma no supere el valor límite capaz de producir lesiones corporales.

Como dispositivo de parada se puede emplear un dispositivo anticaídas o un absorbedor de energía. Los dispositivos anticaídas pueden ser, a su vez, deslizantes (sobre línea de anclaje rígida o flexible) o retráctiles.

El uso de un sistema anticaídas implica la comprobación previa de la existencia de un espacio libre de cualquier tipo de obstáculo, que se encuentre situado por debajo de la posición ocupada por el usuario, que sea suficiente para que en caso de que se produzca la caída dicho usuario no se encuentre expuesto al riesgo de choque.

Entre los dispositivos más frecuentemente empleados se encuentran los siguientes:

- El *arnés anticaídas* es un dispositivo de prensión del cuerpo que se encuentra formado por bandas textiles localizadas sobre los hombros y en la región pelviana de modo que permitan sostener el cuerpo del trabajador durante la caída y después de producirse esta.

- El *dispositivo anticaídas deslizante* es un elemento que cuenta con una función de bloqueo automático y de un mecanismo de guía.

- El *dispositivo anticaídas retráctil* es un dispositivo anticaídas que cuenta con una función de bloqueo automático y de un mecanismo automático de tensión y retroceso del elemento de amarre de modo que se logra un elemento de amarre retráctil.

- El *absorbedor de energía con elemento de amarre incorporado* es un equipo integrado por un elemento de amarre que incorpora un elemento de absorción de energía (frecuentemente se trata de dos cintas textiles imbricadas o cosidas formando una única pieza que se presenta plegada sobre sí misma y enfundada en un material plástico).

3.3. Señalización

La señalización de seguridad y salud en el trabajo deberá utilizarse siempre que el análisis de los riesgos existentes, de las situaciones de emergencia previsibles y de las medidas preventivas adoptadas, ponga de manifiesto la necesidad de:

- Llamar la atención de los trabajadores sobre la existencia de determinados riesgos, prohibiciones u obligaciones.

- Alertar a los trabajadores cuando se produzca una determinada situación de emergencia que requiera medidas urgentes de protección o evacuación.

- Facilitar a los trabajadores la localización e identificación de determinados medios o instalaciones de protección, evacuación, emergencia o primeros auxilios.

- Orientar o guiar a los trabajadores que realicen determinadas maniobras peligrosas.

La señalización no deberá considerarse una medida sustitutoria de las medidas técnicas y organizativas de protección colectiva y deberá utilizarse cuando mediante estas últimas no haya sido posible eliminar los riesgos o reducirlos suficientemente. Tampoco deberá considerarse una medida sustitutoria de la formación e información de los trabajadores en materia de seguridad y salud en el trabajo.

3.3.1. En forma de panel

Los pictogramas serán lo más sencillos posible, evitándose detalles inútiles para su comprensión. Podrán variar ligeramente o ser más detallados que los indicados posteriormente, siempre que su significado sea equivalente y no existan diferencias o adaptaciones que impidan percibir claramente su significado.

Las señales serán de un material que resista lo mejor posible los golpes, las inclemencias del tiempo y las agresiones medioambientales.

Las dimensiones de las señales, así como sus características colorimétricas y fotométricas, garantizarán su buena visibilidad y comprensión.

Las señales se instalarán preferentemente a una altura y en una posición apropiadas en relación con el ángulo visual, teniendo en cuenta posibles obstáculos, en la proximidad inmediata del riesgo u objeto que deba señalizarse o, cuando se trate de un riesgo general, en el acceso a la zona de riesgo.

El lugar de emplazamiento de la señal deberá estar bien iluminado, ser accesible y fácilmente visible. Si la iluminación general es insuficiente, se empleará una iluminación adicional o se utilizarán colores fosforescentes o materiales fluorescentes.

A fin de evitar la disminución de la eficacia de la señalización no se utilizarán demasiadas señales próximas entre sí.

Las señales deberán retirarse cuando deje de existir la situación que las justificaba.

Tipos de señales

- **Señales de advertencia**

    Forma triangular. Pictograma negro sobre fondo amarillo (el amarillo deberá cubrir como mínimo el 50 % de la superficie de la señal), bordes negros.

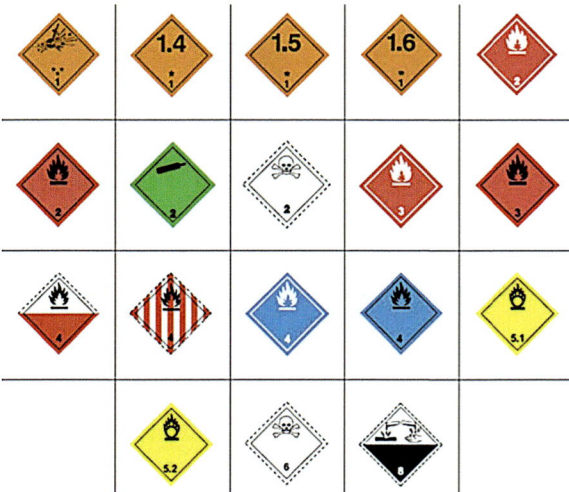

- **Señales de prohibición**

  Forma redonda. Pictograma negro sobre fondo blanco, bordes y banda (transversal descendente de izquierda a derecha atravesando el pictograma a 45° respecto a la horizontal) rojos (el rojo deberá cubrir como mínimo el 35 % de la superficie de la señal).

- **Señales de obligación**

  Forma redonda. Pictograma blanco sobre fondo azul (el azul deberá cubrir como mínimo el 50 % de la superficie de la señal).

- **Señales de salvamento o socorro**

  Forma rectangular o cuadrada. Pictograma blanco sobre fondo verde (el verde deberá cubrir como mínimo el 50 % de la superficie de la señal).

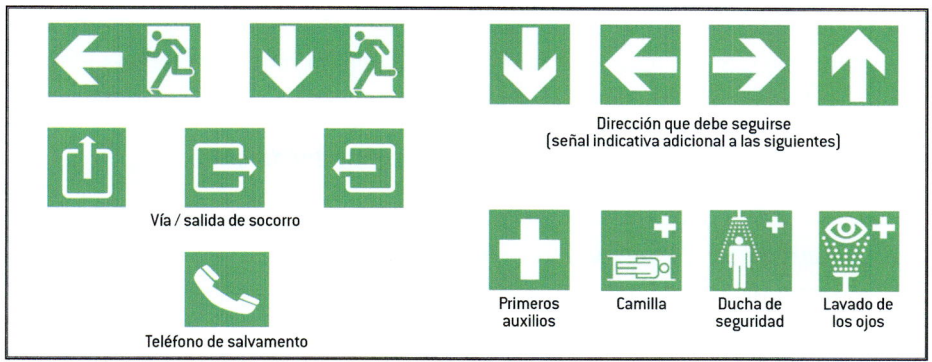

Vía / salida de socorro

Teléfono de salvamento

Dirección que debe seguirse
(señal indicativa adicional a las siguientes)

Primeros auxilios

Camilla

Ducha de seguridad

Lavado de los ojos

3.3.2. Luminosa

La luz emitida por la señal deberá provocar un contraste luminoso apropiado respecto a su entorno, en función de las condiciones de uso previstas. Su intensidad deberá asegurar su percepción, sin llegar a producir deslumbramientos.

La superficie luminosa que emita una señal podrá ser de color uniforme, o llevar un pictograma sobre un fondo determinado.

Si un dispositivo puede emitir una señal tanto continua como intermitente, la señal intermitente se utilizará para indicar, con respecto a la señal continua, un mayor grado de peligro o una mayor urgencia de la acción requerida.

No se utilizarán al mismo tiempo dos señales luminosas que puedan dar lugar a confusión, ni una señal luminosa cerca de otra emisión luminosa apenas diferente.

Cuando se utilice una señal luminosa intermitente, la duración y frecuencia de los destellos deberán permitir la correcta identificación del mensaje, evitando que pueda ser percibida como continua o confundida con otras señales luminosas.

Los dispositivos de emisión de señales luminosas para uso en caso de peligro grave deberán ser objeto de revisiones especiales o ir provistos de una bombilla auxiliar.

3.3.3. Acústica

La señal acústica deberá tener un nivel sonoro superior al nivel de ruido ambiental, de forma que sea claramente audible, sin llegar a ser excesivamente molesto. No deberá utilizarse una señal acústica cuando el ruido ambiental sea demasiado intenso.

El tono de la señal acústica o, cuando se trate de señales intermitentes, la duración, intervalo y agrupación de los impulsos deberá permitir su correcta identificación y clara distinción frente a otras señales acústicas o ruidos ambientales.

No deberán utilizarse dos señales acústicas simultáneamente.

Si un dispositivo puede emitir señales acústicas con un tono o intensidad variables o intermitentes, o con un tono o intensidad continuos, se utilizarán las primeras para indicar, por contraste con las segundas, un mayor grado de peligro o una mayor urgencia de la acción requerida.

El sonido de una señal de evacuación deberá ser continuo.

- Disposiciones comunes a las señales luminosas y acústicas:

    — Una señal luminosa o acústica indicará, al ponerse en marcha, la necesidad de realizar una determinada acción, y se mantendrá mientras persista tal necesidad.

    — Al finalizar la emisión de una señal luminosa o acústica, se adoptarán de inmediato las medidas que permitan volver a utilizarlas en caso de necesidad.

    — La eficacia y buen funcionamiento de las señales luminosas y acústicas se comprobarán antes de su entrada en servicio, y posteriormente mediante las pruebas periódicas necesarias.

    — Las señales luminosas y acústicas intermitentes previstas para su utilización alterna o complementaria deberán emplear idéntico código.

3.3.4. Comunicación verbal

La comunicación verbal se establece entre un locutor o emisor y uno o varios oyentes en un lenguaje formado por textos cortos, frases, grupos de palabras o palabras aisladas, eventualmente codificados.

Los mensajes verbales serán tan cortos, simples y claros como sea posible; la aptitud verbal del locutor y las facultades auditivas de los oyentes deberán bastar para garantizar una comunicación verbal segura.

La comunicación verbal será directa (utilización de la voz humana) o indirecta (voz humana o sintética, difundida por un medio apropiado).

Las personas afectadas deberán conocer bien el lenguaje utilizado, a fin de poder pronunciar y comprender correctamente el mensaje verbal y adoptar, en función de este, el comportamiento apropiado en el ámbito de la seguridad y la salud.

Si la comunicación verbal se sustituye o utiliza como complemento de señales gestuales, habrá que utilizar palabras tales como, por ejemplo:

- **Comienzo:** para indicar la toma de mando.

- **Alto:** para interrumpir o finalizar un movimiento.

- **Fin:** para finalizar las operaciones.

- **Izar:** para izar una carga.

- **Bajar:** para bajar una carga.

- **Avanzar, retroceder, a la derecha, a la izquierda:** para indicar el sentido de un movimiento (el sentido de estos movimientos debe, en su caso, coordinarse con los correspondientes códigos gestuales).

- **Peligro:** para efectuar una parada de emergencia.

- **Rápido:** para acelerar un movimiento por razones de seguridad.

3.3.5. Gestual

Una señal gestual deberá ser precisa, simple, amplia, fácil de realizar y comprender y claramente distinguible de cualquier otra señal gestual.

La utilización de los dos brazos al mismo tiempo se hará de forma simétrica y para una sola señal gestual.

Los gestos utilizados, por lo que respecta a las características indicadas anteriormente, podrán variar o ser más detallados que las representaciones recogidas a continuación, a condición de que su significado y comprensión sean, por lo menos, equivalentes.

La persona que emite las señales, denominada «encargado de las señales», dará las instrucciones de maniobra mediante señales gestuales al destinatario de las mismas, denominado «operador».

El encargado de las señales deberá poder seguir visualmente el desarrollo de las maniobras sin estar amenazado por ellas.

El encargado de las señales deberá dedicarse exclusivamente a dirigir las maniobras y a la seguridad de los trabajadores situados en las proximidades.

El operador deberá suspender la maniobra que esté realizando para solicitar nuevas instrucciones cuando no pueda ejecutar las órdenes recibidas con las garantías de seguridad necesarias.

El encargado de las señales deberá ser fácilmente reconocido por el operador.

El encargado de las señales llevará uno o varios elementos de identificación apropiados tales como chaqueta, manguitos, brazal o casco y, cuando sea necesario, raquetas.

Los elementos de identificación indicados serán de colores vivos, a ser posible iguales para todos los elementos, y serán utilizados exclusivamente por el encargado de las señales.

El conjunto de gestos codificados que se incluye no impide que puedan emplearse otros códigos, en particular en determinados sectores de actividad, aplicables en el ámbito comunitario e indicadores de idénticas maniobras.

A) Gestos generales			B) Movimientos verticales		
Significado	Descripción	Ilustración	Significado	Descripción	Ilustración
Comienzo: Atención. Toma de mando.	Los dos brazos extendidos de forma horizontal, las palmas de las manos hacia delante.		Izar.	Brazo derecho extendido hacia arriba, la palma de la mano derecha hacia delante, describiendo lentamente un círculo.	
Alto: Interrupción. Fin del movimiento.	El brazo derecho extendido hacia arriba, la palma de la mano hacia delante.		Bajar.	Brazo derecho extendido hacia abajo, palma de la mano derecha hacia el interior, describiendo lentamente un círculo.	
Fin de las operaciones.	Las dos manos juntas a la altura del pecho.		Distancia vertical.	Las manos indican la distancia.	

C) Movimientos horizontales					
Significado	Descripción	Ilustración	Significado	Descripción	Ilustración
Avanzar.	Los dos brazos doblados, las palmas de las manos hacia el interior, los antebrazos se mueven lentamente hacia el cuerpo.		Retroceder.	Los dos brazos doblados, las palmas de las manos hacia el exterior, los antebrazos se mueven lentamente, alejándose del cuerpo.	

C) Movimientos horizontales			D) Peligro		
Significado	Descripción	Ilustración	Significado	Descripción	Ilustración
Hacia la derecha: Con respecto al encargado de las señales.	El brazo derecho extendido más o menos en horizontal, la palma de la mano derecha hacia abajo, hace pequeños movimientos lentos indicando la dirección.		Peligro: Alto o parada de emergencia.	Los dos brazos extendidos hacia arriba, las palmas de las manos hacia delante.	
Hacia la izquierda: Con respecto al encargado de las señales.	El brazo izquierdo extendido más o menos en horizontal, la palma de la mano izquierda hacia abajo, hace pequeños movimientos lentos indicando la dirección.		Rápido.	Los gestos codificados referidos a los movimientos se hacen con rapidez.	
Distancia horizontal.	Las manos indican la distancia.		Lento.	Los gestos codificados referidos a los movimientos se hacen muy lentamente.	

3.3.6. Adicional

- **Riesgos, prohibiciones y obligaciones**

  La señalización dirigida a advertir a los trabajadores de la presencia de un riesgo, o a recordarles la existencia de una prohibición u obligación, se realizará mediante señales en forma de panel.

- **Riesgos de caídas, choques y golpes**

  Para la señalización de desniveles, obstáculos u otros elementos que originen riesgos de caída de personas, choques o golpes podrá optarse, a igualdad de eficacia, por el panel que corresponda o por un color de seguridad, o bien podrán utilizarse ambos complementariamente.

  La delimitación de aquellas zonas de los locales de trabajo a las que el trabajador tenga acceso con ocasión de este, en las que se presenten riesgos de caída de personas, caída de objetos, choques o golpes, se realizará mediante un color de seguridad.

  La señalización por color referida en los dos apartados anteriores se efectuará mediante franjas alternas amarillas y negras. Las franjas deberán tener una inclinación aproximada de 45º y ser de dimensiones similares.

- **Vías de circulación**

  Cuando sea necesario para la protección de los trabajadores, las vías de circulación de vehículos deberán estar delimitadas con claridad mediante franjas continuas de un color bien visible, preferentemente blanco o amarillo, teniendo en cuenta el color del suelo. La delimitación deberá respetar las necesarias distancias de seguridad entre vehículos y objetos próximos, y entre peatones y vehículos.

- **Tuberías, recipientes y áreas de almacenamiento de sustancias y mezclas peligrosas**

  Los recipientes y tuberías visibles que contengan o puedan contener productos a los que sea de aplicación la normativa sobre comercialización de sustancias o mezclas peligrosas deberán ser etiquetados según lo dispuesto en la misma. Las etiquetas se pegarán, fijarán o pintarán en sitios visibles de los recipientes o tuberías. En el caso de estas últimas, las etiquetas se colocarán a lo largo de la tubería en número suficiente, y siempre que existan puntos de especial riesgo, como válvulas o conexiones, en su proximidad.

- **Equipos de protección contra incendios**

  Los equipos de protección contra incendios deberán ser de color rojo o predominantemente rojo, de forma que se puedan identificar fácilmente por su color propio.

- **Medios y equipos de salvamento y socorro**

  La señalización para la localización e identificación de las vías de evacuación y de los equipos de salvamento o socorro se realizará mediante señales en forma de panel.

- **Situaciones de emergencia**

  La señalización dirigida a alertar a los trabajadores o a terceros de la aparición de una situación de peligro, y de la consiguiente y urgente necesidad de actuar de una forma determinada o de evacuar la zona de peligro, se realizará mediante una señal luminosa, una señal acústica o una comunicación verbal. A igualdad de eficacia, podrá optarse por una cualquiera de las tres; también podrá emplearse una combinación de una señal luminosa con una señal acústica o con una comunicación verbal.

- **Maniobras peligrosas**

  La señalización que tenga por objeto orientar o guiar a los trabajadores durante la realización de maniobras peligrosas que supongan un riesgo para ellos mismos o para terceros se realizará mediante señales gestuales o comunicaciones verbales. A igualdad de eficacia, podrá optarse por cualquiera de ellas, o podrán emplearse de forma combinada.

3.4. Planes de emergencia y evacuación

El empresario, teniendo en cuenta el tamaño y la actividad de la empresa, así como la posible presencia de personas ajenas a la misma, deberá analizar las posibles situaciones de emergencia y adoptar las medidas necesarias en materia de primeros auxilios, lucha contra incendios y evacuación de los trabajadores, designando para ello al personal encargado de poner en práctica estas medidas y comprobando periódicamente, en su caso, su correcto funcionamiento. El citado personal deberá poseer la formación necesaria, ser suficiente en número y disponer del material adecuado, en función de las circunstancias antes señaladas.

Es fundamental realizar periódicamente simulacros de evacuación en las empresas.

Para la aplicación de las medidas adoptadas, el empresario deberá organizar las relaciones que sean necesarias con servicios externos a la empresa, en particular en materia de primeros auxilios, asistencia médica de urgencia, salvamento y lucha contra incendios, de forma que quede garantizada la rapidez y eficacia de las mismas.

3.4.1. Evaluación del riesgo

La evaluación de los riesgos laborales es el proceso dirigido a estimar la magnitud de aquellos riesgos que no hayan podido evitarse, obteniendo la información necesaria para que el empresario esté en condiciones de tomar una decisión apropiada sobre la necesidad de adoptar medidas preventivas y, en tal caso, sobre el tipo de medidas que deben adoptarse.

Cuando de la evaluación realizada resulte necesaria la adopción de medidas preventivas, deberán ponerse claramente de manifiesto las situaciones en que sea necesario:

- Eliminar o reducir el riesgo, mediante medidas de prevención en el origen, organizativas, de protección colectiva, de protección individual o de formación e información a los trabajadores.

- Controlar periódicamente las condiciones, la organización y los métodos de trabajo y el estado de salud de los trabajadores.

De acuerdo con lo previsto en el artículo 33 de la Ley de Prevención de Riesgos Laborales, el empresario deberá consultar a los representantes de los trabajadores, o a los propios trabajadores en ausencia de representantes, acerca del procedimiento de evaluación que se debe utilizar en la empresa o centro de trabajo.

Contenido general de la evaluación:

La evaluación inicial de los riesgos que no hayan podido evitarse deberá extenderse a cada uno de los puestos de trabajo de la empresa en que concurran dichos riesgos.

Para ello, se tendrán en cuenta:

- Las condiciones de trabajo existentes o previstas, tal como quedan definidas en el apartado 7 del artículo 4 de la Ley de Prevención de Riesgos Laborales.

- La posibilidad de que el trabajador que lo ocupe o vaya a ocuparlo sea especialmente sensible, por sus características personales o estado biológico conocido, a alguna de dichas condiciones.

  En particular, a efectos de lo dispuesto sobre la evaluación de riesgos en el artículo 26.1 de la Ley 31/1995, de 8 de noviembre, de Prevención de Riesgos Laborales, el anexo VII del RD 39/1997 incluye una lista no exhaustiva de agentes, procedimientos y condiciones de trabajo que pueden influir negativamente en la salud de las trabajadoras embarazadas o en período de lactancia natural, del feto o del niño durante el período de lactancia natural, en cualquier actividad susceptible de presentar un riesgo específico de exposición.

En todo caso, la trabajadora embarazada no podrá realizar actividades que supongan riesgo de exposición a los agentes o condiciones de trabajo incluidos en la lista no exhaustiva de la parte A del anexo VIII, cuando, de acuerdo con las conclusiones obtenidas de la evaluación de riesgos, ello pueda poner en peligro su seguridad o su salud o la del feto. Igualmente, la trabajadora en período de lactancia no podrá realizar actividades que supongan el riesgo de una exposición a los agentes o condiciones de trabajo enumerados en la lista no exhaustiva del anexo VIII, parte B, cuando de la evaluación se desprenda que ello pueda poner en peligro su seguridad o su salud o la del niño durante el período de lactancia natural. En los casos previstos en este párrafo, se adoptarán las medidas previstas en el artículo 26 de la Ley 31/1995, de 8 de noviembre, de Prevención de Riesgos Laborales, con el fin de evitar la exposición a los riesgos indicados.

A partir de dicha evaluación inicial, deberán volver a evaluarse los puestos de trabajo que puedan verse afectados por:

- La elección de equipos de trabajo, sustancias o preparados químicos, la introducción de nuevas tecnologías o la modificación en el acondicionamiento de los lugares de trabajo.

- El cambio en las condiciones de trabajo.

- La incorporación de un trabajador cuyas características personales o estado biológico conocido lo hagan especialmente sensible a las condiciones del puesto. La evaluación de los riesgos se realizará mediante la intervención de personal competente, de acuerdo con lo dispuesto en el capítulo VI de esta norma.

Procedimiento:

A partir de la información obtenida sobre la organización, características y complejidad del trabajo sobre las materias primas y los equipos de trabajo existentes en la empresa y sobre el estado de salud de los trabajadores, se procederá a la determinación de los elementos peligrosos y a la identificación de los trabajadores expuestos a los mismos, valorando a continuación el riesgo existente en función de criterios objetivos de valoración, según los conocimientos técnicos existentes, o consensuados con los trabajadores, de manera que se pueda llegar a una conclusión sobre la necesidad de evitar o de controlar y reducir el riesgo.

A los efectos previstos en el párrafo anterior, se tendrá en cuenta la información recibida de los trabajadores sobre los aspectos señalados.

El procedimiento de evaluación utilizado deberá proporcionar confianza sobre su resultado. En caso de duda, deberán adoptarse las medidas preventivas más favorables, desde el punto de vista de la prevención.

La evaluación incluirá la realización de las mediciones, análisis o ensayos que se consideren necesarios, salvo que se trate de operaciones, actividades o procesos en los que la directa apreciación profesional acreditada permita llegar a una conclusión sin necesidad de recurrir a aquellos, siempre que se cumpla lo dispuesto en el párrafo anterior.

En cualquier caso, si existiera normativa específica de aplicación, el procedimiento de evaluación deberá ajustarse a las condiciones concretas establecidas en la misma.

Cuando la evaluación exija la realización de mediciones, análisis o ensayos y la normativa no indique o concrete los métodos que deben emplearse, o cuando los criterios de evaluación contemplados en dicha normativa deban ser interpretados o precisados a la luz de otros criterios de carácter técnico, se podrán utilizar, si existen, los métodos o criterios recogidos en:

- Normas UNE.

- Guías del Instituto Nacional de Seguridad e Higiene en el Trabajo, del Instituto Nacional de Silicosis y protocolos y guías del Ministerio de Sanidad, así como de instituciones competentes de las comunidades autónomas.

- Normas internacionales.

- En ausencia de los anteriores, guías de otras entidades de reconocido prestigio en la materia u otros métodos o criterios profesionales descritos documentalmente.

Revisión:

La evaluación inicial de riesgos laborales deberá revisarse cuando así lo establezca una disposición específica.

En todo caso, se deberá revisar la evaluación correspondiente a aquellos puestos de trabajo afectados cuando se hayan detectado daños a la salud de los trabajadores o se haya apreciado a través de los controles periódicos, incluidos los relativos a la vigilancia de la salud, que las actividades de prevención pueden ser inadecuadas o insuficientes. Para ello, se tendrán en cuenta los resultados de:

- La investigación sobre las causas de los daños para la salud que se hayan producido.

- Las actividades para la reducción de los riesgos.

- Las actividades para el control de los riesgos.

- El análisis de la situación epidemiológica según los datos aportados por el sistema de información sanitaria u otras fuentes disponibles.

Sin perjuicio de lo señalado en el apartado anterior, deberá revisarse igualmente la evaluación inicial con la periodicidad que se acuerde entre la empresa y los representantes de los trabajadores, teniendo en cuenta, en particular, el deterioro por el transcurso del tiempo de los elementos que integran el proceso productivo.

Documentación:

En la documentación a que hacen referencia los párrafos b) y c) del artículo 23.1 de la Ley 31/1995, de 8 de noviembre, de Prevención de Riesgos Laborales, deberán reflejarse, para cada puesto de trabajo cuya evaluación ponga de manifiesto la necesidad de tomar alguna medida preventiva, los siguientes datos:

- La identificación del puesto de trabajo.

- El riesgo o riesgos existentes y la relación de trabajadores afectados.

- El resultado de la evaluación y las medidas preventivas procedentes, teniendo en cuenta lo establecido en el artículo 3 del RD 39/1997.

- La referencia de los criterios y procedimientos de evaluación y de los métodos de medición, análisis o ensayo utilizados en los casos en que sea de aplicación lo dispuesto en el apartado 3 del artículo 5 del RD 39/1997.

La evaluación de riesgos laborales en una empresa es una técnica que puede desarrollarse según una serie de procedimientos diferentes. Uno de los más utilizados en España es el desarrollado por el Instituto Nacional de Seguridad e Higiene en el Trabajo, denominado Método INSHT.

La evaluación de riesgos laborales implica las siguientes etapas:

- Clasificar las actividades de trabajo:

  Se relacionan las actividades de trabajo en torno a las siguientes áreas:

  — Zonas exteriores a las instalaciones de la propia empresa.

— Fases en el proceso productivo o de suministro de un determinado servicio.

— Tareas planificadas y de mantenimiento.

— Tareas definidas.

Para cada una de las actividades que se hayan determinado, se obtendrá información en relación con una serie de elementos:

— Tareas que se desarrollan.

— Lugares en que se realizan las tareas.

— Personal que las lleva a cabo.

— Personas que pueden verse afectadas por el trabajo (clientes, visitantes).

— Formación recibida por los trabajadores.

— Procedimientos y permisos de trabajo.

— Maquinaria, herramientas e instalaciones empleadas.

— Instrucciones realizadas por fabricantes y suministradores.

— Características de los materiales que se emplean en la actividad.

— Tipos de movimientos que deben realizarse con los materiales que se van a usar.

— Energías utilizadas.

— Productos empleados y generados en el trabajo.

— Estado físico de los productos usados.

— Consejos incluidos en la documentación de los productos.

— Normativa aplicable al desarrollo de la actividad productiva.

— Sistemas de control que se aplican.

— Accidentes de trabajo o enfermedades profesionales producidos en la actividad laboral.

— Información obtenida de las evaluaciones de riesgos laborales realizadas.

— Modo en que se organiza el trabajo.

- Identificación de peligros:

Deben plantearse una serie de cuestiones:

— ¿Hay una fuente generadora de daño?

— ¿Qué personas o bienes pueden verse dañados?

— ¿De qué forma puede producirse el daño?

La serie de peligros que pueden presentarse son los siguientes:

— Golpes y cortes.

— Caídas al mismo nivel.

— Caídas de personas a distinto nivel.

— Caídas de herramientas, materiales, etc., desde altura.

— Espacio inadecuado.

— Peligros asociados con manejo manual de cargas.

— Peligros en las instalaciones y en las máquinas asociados con el montaje, la consignación, la operación, el mantenimiento, la modificación, la reparación y el desmontaje.

— Peligros de los vehículos, tanto en el transporte interno como el transporte por carretera.

— Incendios y explosiones.

— Sustancias que pueden inhalarse.

— Sustancias o agentes que pueden dañar los ojos.

— Sustancias que pueden causar daño por el contacto o la absorción por la piel.

— Sustancias que pueden causar daños al ser ingeridas.

— Energías peligrosas (por ejemplo: electricidad, radiaciones, ruido y vibraciones).

— Trastornos músculoesqueléticos derivados de movimientos repetitivos.

— Ambiente térmico inadecuado.

— Condiciones de iluminación inadecuadas.

— Barandillas inadecuadas en escaleras.

- Severidad del daño:

  Para determinar la potencial severidad del daño, debe considerarse:

  a) Partes del cuerpo que se verán afectadas.

  b) Naturaleza del daño, graduándolo desde ligeramente dañino a extremadamente dañino.

  Ejemplos de ligeramente dañino:

  — Daños superficiales: cortes y magulladuras pequeñas, irritación de los ojos por polvo.

  — Molestias e irritación, por ejemplo: dolor de cabeza, disconfort.

  Ejemplos de dañino:

  — Laceraciones, quemaduras, conmociones, torceduras importantes, fracturas menores.

  — Sordera, dermatitis, asma, trastornos músculoesqueléticos, enfermedad que conduce a una incapacidad menor.

  Ejemplos de extremadamente dañino:

  — Amputaciones, fracturas mayores, intoxicaciones, lesiones múltiples, lesiones fatales.

  — Cáncer y otras enfermedades crónicas que acorten severamente la vida.

- Probabilidad de que ocurra el daño:

  La probabilidad de que ocurra el daño se puede graduar, desde baja hasta alta, con el siguiente criterio:

  — Probabilidad alta: el daño ocurrirá siempre o casi siempre.

  — Probabilidad media: el daño ocurrirá en algunas ocasiones.

  — Probabilidad baja: el daño ocurrirá raras veces.

  A la hora de establecer la probabilidad de daño, se debe considerar si las medidas de control ya implantadas son adecuadas. Los requisitos legales y los códigos de buena práctica para medidas específicas de control, también juegan un papel importante. Además de la información sobre las actividades de trabajo, se debe considerar lo siguiente:

  a) Trabajadores especialmente sensibles a determinados riesgos (características personales o estado biológico).

  b) Frecuencia de exposición al peligro.

c) Fallos en el servicio. Por ejemplo: electricidad y agua.

d) Fallos en los componentes de las instalaciones y de las máquinas, así como en los dispositivos de protección.

e) Exposición a los elementos.

f) Protección suministrada por los EPI y tiempo de utilización de estos equipos.

g) Actos inseguros de las personas (errores no intencionados y violaciones intencionadas de los procedimientos). El cuadro siguiente da un método simple para estimar los niveles de riesgo de acuerdo a su probabilidad estimada y a sus consecuencias esperadas.

Niveles de riesgo

		Consecuencia		
		Ligeramente dañino LD	Dañino D	Extremadamente dañino ED
Probabilidad	Baja B	Riesgo trivial T	Riesgo tolerable TO	Riesgo moderado MO
	Media M	Riesgo tolerable TO	Riesgo trivial T	Riesgo importante I
	Alta A	Riesgo moderado MO	Riesgo importante I	Riesgo intolerable IN

Valoración de riesgos: decidir si los riesgos son tolerables.

Los niveles de riesgos indicados en el cuadro anterior forman la base para decidir si se requiere mejorar los controles existentes o implantar unos nuevos, así como la temporización de las acciones. En la siguiente tabla se muestra un criterio sugerido como punto de partida para la toma de decisión. La tabla también indica que los esfuerzos precisos para el control de los riesgos y la urgencia con la que deben adoptarse las medidas de control deben ser proporcionales al riesgo.

Riesgo	Acción y temporización
Trivial (T)	No se requiere acción específica.
Tolerable (TO)	No se necesita mejorar la acción preventiva. Sin embargo se deben considerar soluciones más rentables o mejoras que no supongan una carga importante. Se requieren comprobaciones periódicas para asegurar que se mantiene la eficacia de las medidas de control.

Continúa en la página siguiente

Moderado (MO)	Se deben hacer esfuerzos para reducir el riesgo determinando las inversiones precisas. Las medidas para reducir el riesgo deben implantarse en un período determinado.
	Cuando el riesgo moderado está asociado con consecuencias extremadamente dañinas se precisará una acción posterior para establecer, con más precisión, la probabilidad de daño como base para determinar la necesidad de mejora de las medidas de control.
Importante (I)	No debe comenzarse el trabajo hasta que se haya reducido el riesgo. Puede que precisen recursos considerables para controlar el riesgo. Cuando el riesgo corresponda a un trabajo que se está realizando, debe remediarse el problema en un tiempo inferior al de los riesgos moderados.
Intolerable (IN)	No debe comenzar ni continuar el trabajo hasta que se reduzca el riesgo. Si no es posible reducir el riesgo, incluso con riesgos ilimitados, debe prohibirse el trabajo.

3.4.2. Medios de protección

Medios materiales

Se efectuará un inventario de los medios técnicos de que se disponga para la autoprotección. En particular se describirán las instalaciones de detección, alarma, extinción de incendios y alumbrados especiales (señalización, emergencia, reemplazamiento).

El Código Técnico de la Edificación establece las dotaciones mínimas de las instalaciones de protección contra incendios con las que deben contar los edificios, excluidos los de uso industrial. Asimismo, se deben tener en cuenta las condiciones que a este respecto establecen el Real Decreto 486/1997, de 14 de abril, sobre disposiciones mínimas de seguridad y salud en los lugares de trabajo, y las disposiciones de carácter local.

Igualmente, se tendrá en cuenta que en numerosas ocasiones existe legislación aplicable a sectores específicos, ya citada, dentro de cuyo contenido se especifica la dotación de los medios de lucha contra incendios con que deben estar dotadas las actividades que regulan.

La normativa sobre instalaciones de protección contra incendios establece las condiciones que deben cumplir los instaladores y mantenedores de las instalaciones de protección contra incendios, las características de las mismas, los

requisitos para su instalación, puesta en servicio y mantenimiento y los programas de mantenimiento mínimo que realizar. Se efectuará un inventario de los
medios humanos disponibles para participar en las acciones de autoprotección.
El inventario se efectuará para cada lugar y para cada tiempo que implique diferentes disponibilidades humanas (día, noche, festivos y vacaciones).

Medios humanos

- **Equipos de emergencia: denominación, composición y misiones**

  Constituyen el conjunto de personas especialmente entrenadas y orga-
  nizadas para la prevención y actuación en accidentes dentro del ámbito
  del establecimiento.

  En materia de prevención, su misión fundamental consiste en evitar la
  coexistencia de condiciones que puedan originar el siniestro. Deberán hacer uso de los equipos e instalaciones previstos a fin de dominar el siniestro o en su defecto controlarlo hasta la llegada de ayudas externas,
  procurando, en todo caso, que el coste en daños humanos sea nulo o el
  menor posible.

  Para ello, deberán estar informados de la dotación de medios de que se
  dispone, formados en su utilización y entrenadas a fin de optimizar su
  eficacia. Los equipos se denominarán en función de las acciones que deban desarrollar sus miembros.

- **Equipo de alarma y evacuación (EAE)**

  Entre sus misiones fundamentales destacan preparar la evacuación, entendiendo como tal la comprobación de que las vías de evacuación están
  expeditas, toma de puestos en puntos estratégicos de las rutas de evacuación, etc., y dirigir el flujo de evacuación:

  — Conducción y barrido de personas hacia las vías de evacuación.

  — En puertas, controlando la velocidad de evacuación e impidiendo
    aglomeraciones.

  — En accesos a escaleras, controlando el flujo de personas.

  — Impidiendo la utilización de los ascensores en caso de incendio.

  — En salidas al exterior, impidiendo las aglomeraciones de sujetos eva-
    cuados cerca de las puertas.

El EAE debe también comprobar la evacuación de sus zonas y controlar las ausencias en el punto de reunión exterior una vez que se haya realizado la evacuación.

El número de personas que componen el EAE puede ser muy variable, debido a que los componentes necesarios para las labores de barrido dependen de las características de la actividad y del edificio: ocupación, número de plantas y superficie de las mismas, etc. El perfil de estas personas debe ser tal que entre otras características tengan serenidad y sepan infundir y transmitir tranquilidad a los demás.

- **Equipos de primeros auxilios (EPA)**

  Su misión será prestar los primeros auxilios a los lesionados durante una emergencia. Para ello, deberán estar capacitados para decidir la atención que se debe prestar a los heridos de forma que las lesiones que presentan no empeoren, y proceder a la estabilización de los lesionados graves, a fin de ser evacuados. Asimismo, deben tener el criterio de priorización ante la atención de lesiones.

  Para un correcto y eficaz desarrollo de su cometido los integrantes de los EPA deberán tener formación y adiestramiento continuados en emergencias médicas, urgencias médicas, inmovilización, movilización y transporte de heridos.

- **Equipos de primera intervención (EPI)**

  Sus cometidos serán los siguientes:

  — Importante labor preventiva, ya que conocerán las normas fundamentales de la prevención de incendios.

  — Combatir conatos de incendio con extintores portátiles (medios de primera intervención) en su zona de actuación (planta, sector, etc.). Fuera de su zona de actuación, los componentes del EPI serán un ocupante más del establecimiento, a no ser que sea necesaria su intervención en otras zonas (en casos excepcionales).

  — Apoyar a los componentes del equipo de segunda intervención cuando les sea requerido (tendido de mangueras, etc.).

  El número de componentes del EPI será orientativamente similar al número de unidades extintoras colocadas. La actuación de los miembros de este equipo será siempre por parejas. En caso de necesitar ayuda de otros EPI, estos serán siempre de plantas inferiores al incendio.

Si existiesen sistemas fijos de extinción en alguna zona, el EPI de esta conocerá su operación.

Los componentes del EPI tendrán además formación en los siguientes temas: conocimiento del fuego, métodos de extinción, agentes extintores, extintores portátiles, prácticas de extinción con extintores portátiles, operaciones en sistemas fijos de extinción (en su caso) y plan de emergencia.

- **Equipos de segunda intervención (ESI)**

  Este equipo representa la máxima capacidad extintora del establecimiento. Su ámbito de actuación será cualquier punto del establecimiento donde se pueda producir una emergencia de incendio.

  Deben ser personas localizables permanentemente durante la jornada laboral mediante algún medio de transmisión fiable (llamada colectiva, teléfonos móviles, radio, etc.).

  Deberán tener formación y adiestramiento adecuados en el combate del tipo de fuegos que puedan encontrar en establecimientos con medios de primera intervención (extintores portátiles), de segunda intervención (mangueras) y, en su caso, equipos especiales (sistemas fijos de extinción, equipos de respiración autónoma, etc.). Deben asimismo conocer exhaustivamente el plan de emergencia.

  La composición mínima del ESI debe ser de tres personas, pudiendo formar más de un equipo cuando las circunstancias de amplitud del establecimiento lo requieran (tiempos de intervención demasiado dilatada, etc.).

- **Jefe de intervención (JI)**

  Dirigirá las operaciones de extinción en el punto de la emergencia, donde representa la máxima autoridad, e informará y ejecutará las órdenes que reciba del jefe de emergencia (JE) a través de algún medio de comunicación fiable. Deberá ser una persona permanentemente localizable durante la jornada laboral de manera similar a los ESI, con un conocimiento bastante profundo teórico práctico en seguridad contra incendios, buenas dotes de mando y un profundo conocimiento del plan de autoprotección.

  A la llegada del servicio público de extinción, les cederá el mando de las operaciones informando y colaborando con los mismos en lo que le sea solicitado.

- Jefe de emergencia (JE)

Es la máxima autoridad en el establecimiento durante las emergencias. Actuará desde el centro de control (lugar donde se centraliza las comunicaciones) a la vista de las informaciones que reciba del jefe de intervención desde el punto de la emergencia.

Poseerá sólidos conocimientos de seguridad contra incendios y del plan de autoprotección debiendo ser una persona con dotes de mando y localizable durante las 24 horas del día. Decidirá el momento de la evacuación del establecimiento.

3.4.3. Planificación de las acciones de emergencia

La elaboración de los planes de autoprotección previstos en la Norma Básica de Autoprotección se sujetará a las siguientes condiciones:

- Su elaboración, implantación, mantenimiento y revisión es responsabilidad del titular de la actividad.

- El plan de autoprotección deberá ser elaborado por un técnico competente capacitado para dictaminar sobre aquellos aspectos relacionados con la autoprotección frente a los riesgos a los que esté sujeta la actividad.

- En el caso de actividades temporales realizadas en centros, establecimientos, instalaciones y/o dependencias que dispongan de autorización para una actividad distinta de la que se pretende realizar y que cuente con una reglamentación sectorial específica, el organizador de la actividad temporal estará obligado a elaborar e implantar, con carácter previo al inicio de la nueva actividad, un plan de autoprotección complementario.

- Los centros, establecimientos, espacios, instalaciones y dependencias que deban disponer de plan de autoprotección deberán integrar en su plan los planes de las distintas actividades que se encuentren físicamente en el mismo, así como contemplar el resto de actividades no incluidas en la Norma Básica de Autoprotección.

- En los centros, establecimientos, espacios, instalaciones y dependencias del apartado anterior se podrá admitir un plan de autoprotección integral único, siempre que se contemplen todos los riesgos particulares de cada una de las actividades que contengan.

- Los titulares de las distintas actividades, en régimen de arrendamiento, concesión o contrata, que se encuentren físicamente en los centros, establecimientos, espacios, instalaciones y dependencias que deban disponer de plan de autoprotección deberán elaborar, implantar e integrar sus planes, con sus propios medios y recursos.

El plan de autoprotección deberá acompañar a los restantes documentos necesarios para el otorgamiento de la licencia, permiso o autorización necesaria para el comienzo de la actividad.

Las Administraciones públicas competentes podrán, en todo momento, requerir del titular de la actividad correcciones, modificaciones o actualizaciones de los planes de autoprotección elaborados en caso de variación de las circunstancias que determinaron su adopción o para adecuarlos a la normativa vigente sobre autoprotección y a lo dispuesto en los planes de protección civil.

Contenido del plan de autoprotección:

El documento del plan de autoprotección se estructurará, con el contenido que figura a continuación, tanto si se refiere a edificios como a instalaciones o actividades a las que sean aplicables los diferentes capítulos.

Índice paginado

Capítulo 1. Identificación de los titulares y del emplazamiento de la actividad.

1.1. Dirección postal del emplazamiento de la actividad. Denominación de la actividad, nombre y/o marca. Teléfono y fax.

1.2. Identificación de los titulares de la actividad. Nombre y/o razón social. Dirección postal, teléfono y fax.

1.3. Nombre del director del plan de autoprotección y del director o directora del plan de actuación en emergencia, caso de ser distintos. Dirección postal, teléfono y fax.

Capítulo 2. Descripción detallada de la actividad y del medio físico en el que se desarrolla.

2.1. Descripción de cada una de las actividades desarrolladas objeto del plan.

2.2. Descripción del centro o establecimiento, dependencias e instalaciones donde se desarrollen las actividades objeto del plan.

2.3. Clasificación y descripción de usuarios.

2.4. Descripción del entorno urbano, industrial o natural en el que figuren los edificios, instalaciones y áreas donde se desarrolla la actividad.

2.5. Descripción de los accesos. Condiciones de accesibilidad para la ayuda externa.

Este capítulo se desarrollará mediante documentación escrita y se acompañará al menos de la documentación gráfica siguiente:

• Plano de situación, comprendiendo el entorno próximo urbano, industrial o natural en el que figuren los accesos, comunicaciones, etc.

• Planos descriptivos de todas las plantas de los edificios, de las instalaciones y de las áreas donde se realiza la actividad.

Capítulo 3. Inventario, análisis y evaluación de riesgos.

Deben tenerse presentes, al menos, aquellos riesgos regulados por normativas sectoriales. Este capítulo comprenderá:

3.1. Descripción y localización de los elementos, instalaciones, procesos de producción, etc., que puedan dar origen a una situación de emergencia o incidir de manera desfavorable en el desarrollo de la misma.

3.2. Identificación, análisis y evaluación de los riesgos propios de la actividad y de los riesgos externos que pudieran afectarle (riesgos contemplados en los planes de Protección Civil y actividades de riesgo próximas).

3.3. Identificación, cuantificación y tipología de las personas tanto afectas a la actividad como ajenas a la misma que tengan acceso a los edificios, instalaciones y áreas donde se desarrolla la actividad.

Este capítulo se desarrollará mediante documentación escrita y se acompañará al menos de la documentación gráfica siguiente:

• Planos de ubicación por plantas de todos los elementos y/o instalaciones de riesgo, tanto los propios como los del entorno.

Capítulo 4. Inventario y descripción de las medidas y medios de autoprotección.

4.1. Inventario y descripción de las medidas y medios, humanos y materiales, que dispone la entidad para controlar los riesgos detectados, enfrentar las situaciones de emergencia y facilitar la intervención de los servicios externos de emergencias.

4.2. Las medidas y los medios, humanos y materiales, disponibles en aplicación de disposiciones específicas en materia de seguridad.

Este capítulo se desarrollará mediante documentación escrita y se acompañará al menos de la documentación gráfica siguiente:

- Planos de ubicación de los medios de autoprotección, conforme a normativa UNE.

- Planos de recorridos de evacuación y áreas de confinamiento, reflejando el número de personas a evacuar o confinar por áreas según los criterios fijados en la normativa vigente.

- Planos de compartimentación de áreas o sectores de riesgo.

Capítulo 5. Programa de mantenimiento de instalaciones.

5.1. Descripción del mantenimiento preventivo de las instalaciones de riesgo, que garantiza el control de las mismas.

5.2. Descripción del mantenimiento preventivo de las instalaciones de protección, que garantiza la operatividad de las mismas.

5.3. Realización de las inspecciones de seguridad de acuerdo con la normativa vigente.

Este capítulo se desarrollará mediante documentación escrita y se acompañará al menos de un cuadernillo de hojas numeradas donde queden reflejadas las operaciones de mantenimiento realizadas, y de las inspecciones de seguridad, conforme a la normativa de los reglamentos de instalaciones vigentes.

Capítulo 6. Plan de actuación ante emergencias.

Deben definirse las acciones que se van a desarrollar para el control inicial de las emergencias, garantizándose la alarma, la evacuación y el socorro. Comprenderá:

6.1. Identificación y clasificación de las emergencias:

En función del tipo de riesgo.

En función de la gravedad.

En función de la ocupación y medios humanos.

6.2. Procedimientos de actuación ante emergencias:

a) Detección y alerta.

b) Mecanismos de alarma.

b.1) Identificación de la persona que dará los avisos.

b.2) Identificación del Centro de Coordinación de Atención de Emergencias de Protección Civil.

c) Mecanismos de respuesta frente a la emergencia.

d) Evacuación y/o confinamiento.

e) Prestación de las primeras ayudas.

f) Modos de recepción de las ayudas externas.

6.3. Identificación y funciones de las personas y equipos que llevarán a cabo los procedimientos de actuación en emergencias.

6.4. Identificación del responsable de la puesta en marcha del plan de actuación ante emergencias.

Capítulo 7. Integración del plan de autoprotección en otros de ámbito superior.

7.1. Los protocolos de notificación de la emergencia.

7.2. La coordinación entre la dirección del plan de autoprotección y la dirección del Plan de Protección Civil donde se integre el plan de autoprotección.

7.3. Las formas de colaboración de la Organización de Autoprotección con los planes y las actuaciones del sistema público de Protección Civil.

Capítulo 8. Implantación del plan de autoprotección.

8.1. Identificación del responsable de la implantación del plan.

8.2. Programa de formación y capacitación para el personal con participación activa en el plan de autoprotección.

8.3. Programa de formación e información a todo el personal sobre el plan de autoprotección.

8.4. Programa de información general para los usuarios.

8.5. Señalización y normas para la actuación de visitantes.

8.6. Programa de dotación y adecuación de medios materiales y recursos.

Capítulo 9. Mantenimiento de la eficacia y actualización del plan de autoprotección.

9.1. Programa de reciclaje de formación e información.

9.2. Programa de sustitución de medios y recursos.

9.3. Programa de ejercicios y simulacros.

9.4. Programa de revisión y actualización de toda la documentación que forma parte del plan de autoprotección.

9.5. Programa de auditorías e inspecciones.

Anexo I. Directorio de comunicación.

1. Teléfonos del personal de emergencias.

2. Teléfonos de ayuda exterior.

3. Otras formas de comunicación.

Anexo II. Formularios para la gestión de emergencias.

Anexo III. Planos.

3.4.4. Implantación

La empresa ha de realizar la tarea de determinar qué personas serán las encargadas de llevar a cabo las actuaciones en caso de producirse una emergencia. Con independencia de la obligatoriedad que corresponde a los trabajadores de tomar parte en las actividades de autoprotección y prevención, se trata de uno de los aspectos que implica un mayor nivel de dificultad a la hora de la implantación del plan de emergencia.

La empresa dispone para ello de tres opciones básicas:

- Designación de forma directa de aquellas personas que se estime que ofrecen las mejores cualidades para las tareas establecidas. Esta opción es la que reporta menos ventajas, dado que una participación forzada se traduce, generalmente, en un menor nivel de eficacia.

- Incentivar de forma económica o laboral a los trabajadores que formen parte de las actuaciones de emergencia, lo que, en el medio o largo plazo, puede generar conflictos dentro de la empresa ante la existencia de trabajadores que cuentan con una serie de beneficios, por su participación en actuaciones en caso de emergencias que, en muchos casos, no se llegan a materializar.

- Conseguir la participación voluntaria de los trabajadores, a través de una argumentación correctamente planteada, exponiendo el problema y las ventajas que, en el ámbito personal, se derivan para los integrantes de los equipos de emergencia, como, por ejemplo, el de recibir una formación que puede ser muy práctica para determinados aspectos de su vida privada.

La implantación de un plan de emergencia constituye el proceso que implica un mayor nivel de esfuerzo para lograr que este cumpla con el fin para el cual fue diseñado.

Tras haber sido resueltos los aspectos vinculados a la designación de los componentes de los equipos, ha de procederse a desarrollar la formación de estos, así como los mecanismos de información a los demás implicados.

Esta fase puede resultar relativamente sencilla en muchos edificios, pero la dificultad se incrementa cuando se trata, por ejemplo, de edificios que son compartidos por diversas empresas, ya que aunque la ley determina la obligación de que cada empresa cuente con su propio plan de emergencia, es evidente que en este caso el mejor plan de emergencia es el plan conjunto de la totalidad de las empresas, teniendo presente un escenario único (el edificio), dado que existen instalaciones, vías de evacuación e incluso personal (portero, vigilante, etc.) que son compartidos por ellas.

Está claro que la existencia de sensibilidades e intereses distintos entre las diversas empresas que ocupan un mismo edificio puede aumentar en gran medida el nivel de dificultad el desarrollo de un plan de emergencia que sea común.

Por otra parte, existen edificios y actividades que, aunque disponen de un gestor común, llevan a cabo una actividad que genera una gran movilidad de personal dentro de su ámbito. Sería el supuesto de un establecimiento de pública concurrencia en el que se llevan a cabo actividades de diferentes tipos como congresos o celebraciones.

En esta clase de edificios es frecuente la presencia de diferentes colectivos, como lo son los trabajadores habituales (cafetería, recepción, etc.) y los trabajadores de las distintas contratas que, de acuerdo con el tipo de actividad que se desarrolle en cada caso, prestan sus servicios en el edificio (vigilantes, personal de *catering,* azafatas, etc.).

La temporalidad de estos trabajadores implica que la planificación de las actuaciones ante una emergencia, en especial a lo referido a la formación de estos trabajadores (conocimiento de las vías de evacuación, de los medios de protección de que se dispone, etc.), sea compleja.

3.5. Primeros auxilios

Se definen como primeros auxilios aquellas actuaciones o medidas que se aplican inicialmente con un accidentado o enfermo repentino, en el mismo lugar de los hechos, hasta que se presta una asistencia especializada. En una amplia mayoría de los casos, la primera persona que atiende una situación de urgencia o de emergencia no es un profesional de la asistencia sanitaria, por lo que es conveniente que todos los trabajadores de una empresa cuenten con una serie de conocimientos básicos acerca de qué hacer o no ante estas situaciones.

Las empresas deben contar con los equipos de primeros auxilios determinados por la normativa en prevención de riesgos laborales.

Desde un punto de vista jurídico, el Código Penal establece penas para el que no socorriere a una persona que se halle desamparada y en peligro manifiesto y grave, cuando pudiere hacerlo sin riesgo propio ni de terceros o para el que, impedido de prestar socorro, no demande con urgencia auxilio ajeno.

3.5.1. Contenido del botiquín

Los lugares de trabajo dispondrán de material para primeros auxilios en caso de accidente, que deberá ser adecuado en cuanto a su cantidad y características, al número de trabajadores, a los riesgos a que estén expuestos y a las facilidades de acceso al centro de asistencia médica más próximo. El material de primeros auxilios deberá adaptarse a las atribuciones profesionales del personal habilitado para su prestación.

La situación o distribución del material en el lugar de trabajo y las facilidades para acceder al mismo y para, en su caso, desplazarlo al lugar del accidente, deberán garantizar que la prestación de los primeros auxilios pueda realizarse con la rapidez que requiera el tipo de daño previsible.

Sin perjuicio de lo dispuesto en los apartados anteriores, todo lugar de trabajo deberá disponer, como mínimo, de un botiquín portátil que contenga desinfectantes y antisépticos autorizados, gasas estériles, algodón hidrófilo, venda, esparadrapo, apósitos adhesivos, tijeras, pinzas y guantes desechables.

A modo de recomendación, el contenido mínimo básico de un botiquín de empresa sería:

- Instrumental básico:

  — Tijeras y pinzas.

- Material de curas:

  — 20 apósitos estériles adhesivos, en bolsas individuales.

  — 2 parches oculares.

  — 6 triángulos de vendaje provisional.

  — Gasas estériles de distintos tamaños, en bolsas individuales.

  — Celulosa, esparadrapo y vendas.

- Material auxiliar:

  — Guantes.

  — Manta termoaislante.

  — Mascarilla de reanimación cardiopulmonar.

- Otros:

  — Bolsas de hielo sintético.

  — Agua o solución salina al 0,9 % en contenedores cerrados desechables, si no existen fuentes lavaojos.

  — Toallitas limpiadoras sin alcohol, de no disponer de agua y jabón.

  — Bolsas de plástico para material de primeros auxilios usado o contaminado.

Este contenido mínimo ha de ampliarse siempre que existan riesgos particulares. Se ha de calibrar la necesidad de disponer de una o varias camillas, de ciertas prendas de protección como delantales, batas, mascarillas, etc. Este material no debería estar en el botiquín de primeros auxilios, sino en otro lugar y siempre al cuidado del que sepa usarlo.

El material de primeros auxilios se revisará periódicamente y se irá reponiendo tan pronto como caduque o sea utilizado.

Los lugares de trabajo de más de 50 trabajadores deberán disponer de un local destinado a los primeros auxilios y otras posibles atenciones sanitarias. También deberán disponer del mismo los lugares de trabajo de más de 25 trabajadores para los que así lo determine la autoridad laboral, teniendo en cuenta la peligrosidad de la actividad desarrollada y las posibles dificultades de acceso al centro de asistencia médica más próximo.

Los locales de primeros auxilios dispondrán, como mínimo, de un botiquín, una camilla y una fuente de agua potable. Estarán próximos a los puestos de trabajo y serán de fácil acceso para las camillas.

El material y locales de primeros auxilios deberán estar claramente señalizados.

3.5.2. Intoxicaciones

Se define como intoxicación o envenenamiento la alteración que es sufrida por el trabajador debida a la entrada en su organismo de sustancias tóxicas. Este tipo de intoxicaciones puede ser aguda o crónica. Se hará incidencia en la intoxicación aguda, que se define como aquella que puede requerir la aplicación de técnicas de primeros auxilios.

Las vías de entrada del tóxico pueden ser las siguientes:

- Respiratoria (inhalación).

- Cutánea (contacto con la piel).

- Digestiva (ingestión).

Dentro del ámbito laboral, las dos vías de entrada más habituales son la respiratoria y la cutánea.

La vía digestiva puede aparecer al ingerir un tóxico confundiéndolo con una bebida y esto suele tener lugar cuando se emplean envases de bebidas para guardar productos químicos líquidos, o cuando se come o bebe mientras se procede a manipular productos químicos.

Síntomas:

Pueden aparecer de forma diversa, en ocasiones con apariencia leve y otras veces de forma fatal. La gravedad estará en función de la dosis y de la toxicidad del producto en cuestión.

Las manifestaciones que pueden observarse son:

- Vómitos, náuseas, dolor abdominal, diarreas, etc.

- Dificultades para respirar, arritmias cardíacas o paro cardiorrespiratorio.

- Somnolencia, dolor de cabeza, trastornos de la temperatura corporal, pérdida de conocimiento, convulsiones o incluso coma.

Conducta que seguir:

En función de la puerta de entrada del tóxico:

- Vía de entrada respiratoria (inhalación de productos tóxicos). Ocurre cuando el trabajador respira una atmósfera con gases o vapores tóxicos:

  — La persona que presta auxilio ha de protegerse para no resultar intoxicada, empleando una mascarilla o, si no se cuenta con la misma, colocando un pañuelo mojado sobre la boca y nariz. No se encenderán interruptores ni cerillas o mecheros si se sospecha de la existencia de gases inflamables. Si se presenta humo denso, entraremos agachados pues el aire estará menos contaminado a esa altura.

  — Se retirará a la víctima del ambiente tóxico, sacándola al aire libre o aireando el local abriendo puertas y ventanas.

  — Se procederá a valorar el estado general de la víctima, así como sus constantes vitales adoptando las medidas precisas en función de su estado.

  — Requerir ayuda sanitaria y trasladar a la víctima a un centro médico.

- Vía de entrada cutánea (contacto con la piel):

  El producto tóxico contacta con la piel o mucosas y es absorbido a través de ella, lo que ocurre con ciertos disolventes o pesticidas:

  — Apartar las ropas impregnadas del tóxico.

  — Lavar la piel empleando abundante agua y jabón.

  — Requerir ayuda médica y trasladar a la víctima a un centro médico.

- Vía de entrada digestiva (ingestión de tóxicos). El tóxico es ingerido o tragado a través de la boca:

  — Mantener la calma. Vigilar el estado general y las constantes vitales del afectado.

— Si la víctima se halla inconsciente, se actuará de acuerdo a lo requerido por tal situación. Se solicitará ayuda médica y se trasladará a un centro médico.

— Si la víctima está consciente y no presenta ningún problema vital, se intentará identificar el tóxico y determinar el tiempo transcurrido desde la ingesta. Consultar telefónicamente al Centro Nacional de Información Toxicológica. La víctima será trasladada a un centro médico.

— Como criterio general, no se provocará el vómito, debido a que si disminuye el nivel de consciencia de la víctima, esta puede broncoaspirar el tóxico empeorando el cuadro; además, si la sustancia es corrosiva, producirá lesiones cáusticas tras su ingesta al ser deglutida y nuevas lesiones al ascender de nuevo por el vómito.

— Tampoco debe darse productos por boca a la víctima con la finalidad de neutralizar el tóxico, ya que esto puede generar el vómito por distensión de la cámara gástrica o tener una reacción química exotérmica con el tóxico.

— El traslado de la víctima debe ser rápido a un centro médico donde establecerán las medidas terapéuticas precisas en cada caso.

— Cuando sea posible se remitirá al centro médico una muestra del tóxico y si no es factible, el envoltorio, envases, etc., para facilitar su identificación. En el caso de que el paciente hubiese vomitado, se intentará también remitir una muestra del mismo con el mismo objetivo.

3.5.3. Traumatismos

Se define como fractura a toda rotura de un hueso causada generalmente por traumatismos (golpes, caídas, etc.) que, de acuerdo con su intensidad pueden causar desviación, o no, de los fragmentos. En función de si se mantiene o no la integridad de la piel, se pueden clasificar en:

- Fracturas cerradas, cuando se rompe el hueso, pero no existen heridas en la piel.

- Fracturas abiertas, cuando hay una herida que permite la comunicación entre el hueso y el exterior, pudiendo llegar a asomar los fragmentos óseos a través de la abertura. Una fractura abierta siempre se encuentra en riesgo de generar una infección y por eso es más grave y urgente que una cerrada de la misma clase.

Síntomas:

- Dolor que se incrementa al presionar en el punto de la lesión.

- Deformidad de la zona, visible en las fracturas con desplazamiento.

- Hinchazón, calor y enrojecimiento de la zona.

- Incapacidad funcional, limitación o imposibilidad de los movimientos habituales.

- Movimientos anormales, crepitación y chasquido en el instante en que se produce. Estos signos no han de investigarse dado que agravan la lesión.

- Hemorragia: en las fracturas cerradas se verá hematoma.

- *Shock,* provocado por la propia hemorragia o por el dolor.

Consejos generales de tratamiento:

Ante la sospecha de la presencia de una fractura, se debe evitar que el lesionado realice cualquier movimiento de esa zona. Habrá que retirar la ropa para verificar la existencia de otra clase de lesiones (heridas, hemorragias, otras fracturas), cortando la ropa con cuidado para no moverlo y evitar el correspondiente aumento del dolor.

Tras haber sido examinado el accidentado, debe calmarse el dolor e inmovilizar la zona lesionada teniendo en cuenta que esta debe comprender las articulaciones anterior y posterior al punto de fractura, tomando las siguientes precauciones:

- Si es preciso mover al accidentado, aplicar primero tracción al miembro que se encuentre lesionado tirando de forma suave y firme del mismo alejándolo del cuerpo, antes de intentar moverlo.

- Se intentará comprobar si existe pulso en la parte que se encuentre más alejada de la extremidad que esté afectada. La ausencia de pulso empeorará el pronóstico pues indica una afectación arterial.

- Inmovilizar la fractura para impedir que se agraven las lesiones previamente existentes, reducir el dolor y evitar provocar nuevas lesiones. La inmovilización debe extenderse al hueso lesionado y las articulaciones que sean superior e inferior al mismo.

- En el caso de fracturas abiertas deberán ser cubiertas con apósitos estériles o lo más limpios posibles, antes de proceder a la inmovilización para minimizar el riesgo de infección.

- Se procederá a evacuar a la víctima a un centro médico para su atención.

Inmovilización de las fracturas:

Como se indicó previamente, la finalidad de inmovilizar la fractura es impedir que se movilice la zona lesionada para evitar el agravamiento de las lesiones sufridas. De esta manera se podrá calmar el dolor, evitar nuevas lesiones y disminuir el riesgo de complicaciones por el sangrado como es el *shock* o lesiones en los vasos colindantes.

La clase de inmovilización diferirá en función de cuál sea el hueso afectado.

Técnicas más utilizadas:

- Emplear el propio cuerpo del trabajador afectado como soporte para proceder a la inmovilización mediante pañuelos triangulares en forma de vendas, cabestrillos, etc.

- Emplear férulas, elementos rígidos, como soporte para lograr la inmovilización, pudiendo emplear para ello tubos, palos, tablas, periódicos o cualquier otra cosa de la que se pueda disponer y que sea rígida.

3.5.4. Congelaciones o insolaciones

El frío puede generar en el cuerpo humano una situación de hipotermia. En el supuesto de que la temperatura corporal descienda de 34 ºC, se produce la pérdida de la consciencia, produciéndose una ralentización de las funciones cardiaca y respiratoria. Si desciende de 28 ºC, se produce la muerte derivada de una parada cardiorrespiratoria.

Actuaciones que seguir:

- Alejar a la víctima del frío. En el caso de que no se pueda evitar las corrientes de aire, se protegerá a la víctima cubriéndole la cabeza y aislándola de la tierra fría.

- Retirar la ropa mojada, cubriéndolo con prendas secas.

- No aplicar calor directo, por el contrario, se calentará poco a poco al afectado, por ejemplo, mediante la aplicación de compresas calientes en áreas del cuerpo como pecho, cuello o cabeza.

- Si la persona se halla completamente consciente, se le puede ofrecer alguna bebida caliente para que sea bebida poco a poco.

- Si se halla inconsciente, se le mantendrá en posición lateral de seguridad.

- No masajear ni frotar al afectado, dado que su piel podría estar congelada y rozar los tejidos congelados causando daños de importancia.

Las congelaciones, lesiones derivadas de la actuación del frío, suponen la formación de cristales de hielo en los tejidos corporales que reducen el riesgo sanguíneo a nivel local.

Cabe diferencias las siguientes clases de congelaciones:

- **Primer grado:** aparece una importante palidez, en un primer momento no se produce dolor, si bien el mismo surge posteriormente como consecuencia de la dilatación de los vasos sanguíneos. Se deberá aplicar agua templada y cubrir con vendajes que permitan mantener el calor corporal.

- **Segundo grado:** aparecen fenómenos como palidez, inflamación y ampollas. Se genera dolor. Habrá de aplicarse agua templada y cubrir con vendajes que permitan mantener el calor corporal, procurando mantener elevada la zona afectada. Se solicitará asistencia sanitaria.

- **Tercer grado:** aparece la necrosis como consecuencia de las bajas temperaturas existentes. Se presenta una importante rigidez y cabe que se rompan miembros distales. La actuación que se debe seguir es la previamente indicada, aplicando agua templada, cubriendo el área con vendas estériles y buscar rápidamente asistencia sanitaria.

3.5.5. Quemaduras

La quemadura es el resultado del contacto de los tejidos del organismo con el calor. Las causas principales son los sólidos incandescentes, el fuego, las radiaciones, los líquidos hirviendo o en llamas, los productos químicos y la electricidad.

Las quemaduras cutáneas se clasifican de acuerdo a la profundidad y la extensión de las mismas:

- Por su profundidad:

    — *Primer grado*: de grosor parcial. Destruye únicamente la capa superficial de la piel, la epidermis, generando un enrojecimiento de la zona lesionada. Recibe el nombre de eritema.

    — *Segundo grado*: de grosor parcial. Destruye la epidermis y un espesor variable de la dermis. Se genera una inflamación del tejido o formación de ampollas denominadas flictenas. La lesión es dolorosa y se produce la aparición de las ampollas.

    — *Tercer grado*: de grosor total. Afecta a la totalidad de las capas de la piel incluyendo la dermis profunda. Es una lesión con apariencia blanca o chamuscada. No se produce dolor debido a la destrucción de las terminaciones nerviosas. Se conoce como *escara*.

- Por su profundidad:

  — *Quemadura leve*: la superficie quemada es inferior al 10 % y su profundidad no rebasa el 2.º grado.

  — *Quemadura grave*: la superficie quemada se encuentra entre el 10 y el 30 % con independencia de si la profundidad es de 2.º o 3.º grado. Se entienden como graves, sin considerar su extensión o profundidad, las quemaduras que afectan a manos, pies, cara, ojos y genitales así como todas las de 2.º y 3.º grado en niños, ancianos y accidentados con enfermedades previas relevantes.

  — *Quemadura muy grave*: la superficie quemada se encuentra entre el 30 y 50 %. Es generalmente mortal cuando supera el 50 %.

Actuación ante una quemadura:

- Evacuar al individuo del foco de calor (por ejemplo, apagando las llamas o retirar el producto químico del contacto con la piel).

- Efectuar una evaluación inicial y mantener los signos vitales. La existencia de quemaduras inhalatorias o de intoxicación por inhalación de gases como el monóxido de carbono o productos de degradación en caso de incendio ha de ser detectada en el mínimo plazo posible.

- Buscar la presencia de otras posibles lesiones tales como hemorragias, *shock*, fracturas. Se tratará prioritariamente la lesión que presente más gravedad.

- Refrescar la zona que presente quemaduras: aplicar agua abundantemente (20-30 minutos) sobre la superficie que se haya quemado evitando enfriar al paciente por el riesgo de hipotermia presente.

- Proceder a quitar ropas, joyas y todos aquellos elementos que mantengan el calor.

- Envolver la lesión con gasas o paños limpios, que estén humedecidos en agua. El vendaje ha de efectuar una compresión leve.

- Han de controlarse de forma periódica los signos vitales, especialmente en los casos de electrocución, de quemados con más de un 20 % de superficie corporal quemada o que presenten problemas cardíacos previos.

3.5.6. Contusiones

Se define contusión como la lesión causada por un traumatismo (golpe) sobre una parte del cuerpo sin que se produzca una pérdida de la continuidad de la piel. Se trata de lesiones habituales en el medio laboral por impacto de un objeto contra el cuerpo, o del cuerpo contra un objeto.

La intensidad del traumatismo determinará el nivel de gravedad de la contusión de acuerdo con la zona del cuerpo afectada y las lesiones y estructuras que se vean afectadas por debajo de la piel.

Tipos de contusiones:

- *Contusiones de primer grado*: se rompen los capilares, lo que da lugar a que aparezcan «morados o moratones» que modificarán su color e intensidad a lo largo del tiempo. Tras unas horas son de color azulado/morado y en los días siguientes pasarán a un color verdoso/amarillento. Generalmente no implican lesión de los tejidos subyacentes.

- *Contusiones de segundo grado*: suponen un traumatismo más intenso que causa la rotura de vasos de mayor tamaño apareciendo una extravasación sanguínea conocida como hematoma.

- *Contusión de tercer grado*: deriva de un traumatismo de mayor intensidad que implica la afectación de estructuras subcutáneas pudiendo afectar tanto a grasa como a músculos o incluso nervios o huesos. La piel suele quedar más frágil existiendo el riesgo de perder su integridad.

Conducta que seguir:

- Aplicación inmediata de frío local (hielo) procediendo a proteger la piel con gasas o apósitos con el fin de evitar el contacto directo con el hielo que podría generar una lesión. Se aplicará durante un período de 10 a 20 minutos cada hora.

- En el caso de que aparezcan hematomas (colección de sangre extravasada) nunca se pincharán para vaciarlos. Además, tampoco han de comprimirse mediante vendajes.

- Cuando la zona afectada sea una extremidad, cosa que suele ser lo más habitual, se elevará la misma por encima del nivel del corazón con la finalidad de evitar el edema (hinchazón).

- Si la contusión es grave (tercer grado) y afecta a una extremidad, habrá de inmovilizarse y enviar al accidentado a un centro médico para proceder a su valoración.

3.5.7. Heridas

Debe tenerse presente que toda herida implica un riesgo de infección tetánica, por lo cual es recomendable hallarse previamente vacunado.

Entre otras funciones, la piel ofrece protección frente a la entrada de gérmenes procedentes del exterior, evitando que la atraviesen. Para conseguirlo, la piel ha de presentar una buena integridad.

Cuando se pierde la integridad de la piel, cuando la misma se rompe, se pierde este efecto barrera y se afirma que se ha producido una herida. Las heridas se producen generalmente a causa de traumatismos (golpes, cortes, caídas, etc.) y se pueden clasificar de esta forma:

- *Heridas incisas*: los bordes de la herida aparecen regulares y limpios. Suelen estar producidas por objetos cortantes afilados.

- *Heridas contusas*: los bordes de la herida tienen apariencia irregular y en ocasiones son sucias con restos de material. La causa de su producción es frecuentemente el traumatismo por objeto romo.

- *Heridas punzantes*: son aquellas que están producidas por objetos punzantes. Muestran un orificio de entrada y no es sencillo determinar la profundidad y el daño real. Tienen un elevado riesgo de infección y tétanos.

Al causarse la herida y reducirse o desaparecer el efecto barrera de la piel, los gérmenes pueden penetrar y producirse una infección. El otro riesgo de las heridas son las hemorragias, que se tratarán como se indica en el epígrafe 3.5.8 del manual.

Conducta que seguir ante una herida:

- Preparar lo que sea necesario para llevar a cabo la cura: gasas, agua oxigenada, antiséptico, tiras adhesivas, vendas, esparadrapo, pinzas, tijeras.

- El primer paso es lavarse adecuadamente las manos con agua y jabón, o incluso luego con un producto antiséptico.

- En el caso de que la herida sangre, se realizará una compresión directa con gasas estériles.

- Las heridas que presenten restos de material o sucias, han de limpiarse bien con agua oxigenada «a presión» o bien con agua y jabón. En el caso de que existan cuerpos extraños, tales como tierra, cristales, etc., se retirarán de forma cuidadosa con pinzas o con gasas. Cuando el cuerpo extraño ofrezca resistencia no se intentará extraerlo.

- Se secará la herida empleando gasas estériles de dentro hacia fuera.

- Posteriormente, se aplicará un antiséptico tipo clorhexidina o povidona yodada. No se utilizarán antisépticos mercuriales.

- Generalmente, no será preciso cubrir las heridas pequeñas. En el resto, o en heridas con elevado riesgo de infección o que precisen ser suturadas (separación de los bordes), se procederá a cubrirlas con apósitos estériles como gasas o se llevará a cabo un vendaje.

- En el caso de que la herida esté sucia, tenga los bordes separados o sea larga o profunda, se procederá a limpiarla y cubrirla empleando gasas estériles y se remitirá al accidentado a un centro médico para su valoración médica.

- Se evitará tratar las heridas empleando apósitos de papel (tales como servilletas o pañuelos) o con algodón, pues desprenden pelusa o se adhieren a los bordes de la herida. Igualmente se evitará emplear alcohol (ya que irrita la herida), ni pomadas ni polvos antibióticos.

3.5.8. Hemorragia

La hemorragia se define como cualquier salida de sangre de sus cauces habituales y se produce cuando se rompe alguno de los vasos sanguíneos.

Las hemorragias pueden clasificarse de dos formas:

- En función del tipo de vaso que se ha roto:

  — *Arterial*: la sangre brota a «borbotones» que coinciden con los latidos cardíacos.

  — *Venosa*: la sangre sale de modo continuo, como por un grifo.

  — *Capilar*: la sangre brota rezumando de la herida, con multiplicidad de puntitos sangrantes.

- En función del destino final de la sangre (a dónde va a parar la sangre que se pierde):

  — *Externas*: cuando se observa la salida de sangre a través de la herida.

— *Internas*: no se observa la sangre, al quedar oculta en el interior del organismo (por ejemplo, el abdomen).

— *Exteriorizadas*: son las que, siendo internas, salen al exterior por medio de un orificio natural del cuerpo.

Hemorragias externas

En las mismas, la sangre sale al exterior a través de una herida. Las hemorragias más importantes aparecen en las extremidades, dado que son las partes del cuerpo que se encuentran más expuestas a traumatismos de tipo laboral y es por donde las arterias pasan de un modo más superficial.

- Conducta que seguir:

  — Tranquilizar a la víctima.

  — Proteger el lugar de los hechos.

  — Evitar que la víctima permanezca en pie, dado que si presenta mareo puede caerse y producirse una lesión.

  — Compresión directa: se presionará con la mano de forma directa sobre el punto de sangrado, a ser posible con un apósito limpio, como gasas o compresas estériles y, si se carece de los mismos, pueden utilizarse pañuelos o similares siempre que estén limpios.

  — Se mantendrá la presión durante un período mínimo de 10 minutos, elevando el miembro afectado a una altura superior a la del corazón del accidentado. Si al proceder a movilizar la extremidad se sufre dolor, ante la posibilidad de que exista una fractura no se realzará la elevación.

  — Tras los 10 minutos de compresión se aliviará la presión, si bien no se quitará el apósito, situando otros encima si sigue sangrando, y se pondrá un vendaje compresivo. Si no se contase con una venda, se improvisará con trozos de tela limpios, pañuelos, etc.

  — Compresión arterial: es un segundo método para los casos en que no es efectiva la compresión directa. Tiene una mayor eficacia para hemorragias en extremidades. Consiste en localizar la arteria principal de la extremidad superior (humeral) o de la extremidad inferior (femoral) comprimiendo la misma para lograr una disminución del aporte sanguíneo. Este método será utilizado fundamentalmente cuando la hemorragia sea causada por una fractura abierta.

— Torniquete: solo será utilizado cuando hayan fallado los dos métodos previos y la hemorragia continúe. Su indicación fundamental es en amputaciones. El torniquete da lugar a una detención íntegra de la circulación sanguínea en la extremidad, por lo que implica el riesgo de la falta de oxigenación de los tejidos y la muerte de los mismos, generándose toxinas por necrosis y trombos por acumulación de plaquetas.

- Condiciones de aplicación:

  — En la raíz del miembro que se encuentre afectado.

  — Se empleará una banda ancha (5 a 10 cm de anchura).

  — Se anotará sobre el mismo la hora en que fue colocado.

  — Se aplicará una presión controlada. La precisa para detener la hemorragia.

  — Aflojarlo cada cierto tiempo (cada 10 minutos) durante el traslado, para facilitar la irrigación del miembro afectado y determinar si la hemorragia continúa o se ha detenido. Lo ideal es que lo lleve a cabo personal sanitario.

Hemorragias internas

Son las que se producen dentro del organismo, sin salir al exterior, por lo que no se ven, pero se pueden detectar porque el paciente presenta tanto signos como síntomas de *shock:* palidez cutáneo-mucosa, aturdimiento, sudoración fría, pulso rápido y débil y respiración superficial y rápida. Suelen venir precedidas de un traumatismo violento. Estos síntomas igualmente pueden ser observados en hemorragias externas importantes.

- Conducta que seguir:

  — Tranquilizar al herido.

  — Proceder a aflojar sus ropas.

  — Mantener en posición tumbada al herido.

  — Abrigar a la víctima.

  — Elevar ligeramente las piernas.

Hemorragias exteriorizadas

Son aquellas hemorragias que, aun teniendo el carácter de internas, salen al exterior mediante un orificio natural del cuerpo: oído, nariz, boca, ano y genitales. De las mismas, se destacarán las siguientes:

- *Hemorragia de oído (otorragias)*: puede tener un origen grave cuando aparecen después de un traumatismo violento en la cabeza, pudiendo implicar una fractura de la base del cráneo, especialmente si se produce una situación de inconsciencia.

  Conducta que seguir:

  — El socorrista debe facilitar la salida de la sangre de la cavidad craneal con el objeto de evitar que se genere un incremento de presión intracraneal con lesiones cerebrales irreversibles.

  — Para ello se situará al accidentado en una posición tal que el oído que sangra se halle dirigido hacia el suelo.

  — Mantener vigilancia de los signos vitales.

  — Evacuación urgente hacia un centro médico.

- *Hemorragia de nariz (epistaxis)*:

  Su origen puede ser diverso, pudiendo ser la causa desde un golpe a lesiones de la mucosa nasal o derivadas de una patología en la que la hemorragia sería un síntoma (como es el caso de la hipertensión arterial).

  También, si se ha producido un traumatismo violento sobre la cabeza, puede ser síntoma de una fractura de la base del cráneo, sobre todo si se acompaña de la pérdida de la consciencia o hematomas periorbitarios.

  Conducta que seguir:

  — Se aplicará una presión directa sobre la ventana nasal que sangre y contra el tabique nasal, dicha presión se mantendrá unos 10 minutos. Se efectuará haciendo pinza con los dedos índice y pulgar.

  — La cabeza ha de inclinarse hacia delante para evitar la deglución del sangrado.

  — Transcurridos 10 minutos se reducirá la presión para verificar si la hemorragia ha cesado.

  — Si la hemorragia se mantiene, puede realizarse un taponamiento anterior situando una gasa pequeña mojada con agua oxigenada en la fosa que esté sangrando.

3.5.9. Picaduras y mordeduras

- **Picadura de insectos**

  Las picaduras de insectos suelen causar un enrojecimiento de la zona en la que se produce, viniendo acompañada de dolores, escozores o picores en el área.

  Las acciones que seguir:

  — Lavar con agua el área en la que se produjo la picadura.

  — Aplicar hielo (envuelto en paño o toalla fina) o agua fría para reducir la inflamación que se haya producido.

  — Si el aguijón ha quedado clavado en la piel, ha de retirarse raspando o empleando pinzas con el objeto de sacarlos sin que se rompan las bolsas que contienen tóxicos y que tienen adheridos.

  — En el supuesto de que existan reacciones tales como efectos sistémicos o problemas respiratorios ha de acudirse a un centro médico.

- **Mordedura de animales**

  Si bien la prioridad es atender a la persona que ha sufrido la mordedura, sería aconsejable retener o identificar al animal para poder determinar las enfermedades que puede padecer.

  Actuaciones que seguir:

  — Limpiar correctamente la herida empleando agua y jabón.

  — Proceder a la desinfección de la herida.

  — Trasladar al herido a un centro médico para proceder a su valoración y, en su caso, proceder a la vacunación del mismo.

  — Si es posible, trasladar al animal causante de la mordedura.

3.6. Principios de ergonomía

El Consejo de la Asociación Internacional de Ergonomía (IEA) acordó una definición que ha sido adoptada como «oficial» por muchas entidades, instituciones y organismos de normalización:

«Ergonomía (o estudio de los factores humanos) es la disciplina científica que trata de las interacciones entre los seres humanos y otros elementos de un sistema, así como la profesión que aplica teoría, principios, datos y métodos al diseño con objeto de optimizar el bienestar del ser humano y el resultado global del sistema».

La ergonomía es una disciplina que se encuentra orientada hacia los sistemas, es decir, a conjuntos de elementos o componentes que interactúan entre sí (al menos, algunos de ellos), y que se encuentran organizados de una manera concreta para alcanzar unos fines previamente establecidos.

Dentro del ámbito laboral, un sistema de trabajo comprende a «uno o más trabajadores y al equipo de trabajo actuando conjuntamente para desarrollar la función del sistema, en un lugar de trabajo, en un entorno de trabajo, bajo las condiciones impuestas por las tareas de trabajo».

La ergonomía tiene en cuenta factores físicos, cognitivos, sociales, organizacionales y ambientales, pero con un enfoque «holístico» en el que cada uno de estos factores no debe ser analizado aisladamente, sino en su interacción con los demás.

Existen muchas áreas de especialización dentro de esta disciplina. La IEA la ha clasificado en:

- *Ergonomía física:* estudia cómo se relacionan con la actividad física diversos aspectos de la anatómica humana, la antropometría, la fisiológica y la biomecánica.

  Temas: posturas de trabajo, manipulación de materiales, movimientos repetitivos, trastornos musculoesqueléticos, diseño del puesto, y otros aspectos ligados con la seguridad y la salud en el trabajo.

- *Ergonomía cognitiva:* se ocupa de estudiar cómo los procesos mentales, tales como percepción, memoria, razonamiento y respuesta motora, se afectan en la interacción entre las personas y otros componentes del sistema.

  Temas: carga de trabajo mental, toma de decisiones, funcionamiento experto, interacción persona-ordenador, fiabilidad humana, estrés laboral y formación, en tanto que estos pueden estar relacionados con el diseño del sistema-persona.

- *Ergonomía organizacional:* se ocupa de la optimización de los sistemas sociotécnicos, incluyendo las estructuras organizativas, los procesos y las políticas.

  Temas: comunicación, gestión de recursos humanos, diseño de tareas, horarios de trabajo, trabajo en equipo, diseño participativo, ergonomía comunitaria, trabajo cooperativo, nuevos paradigmas de trabajo, organizaciones virtuales, teletrabajo y gestión de la calidad.

La base del análisis ergonómico del puesto de trabajo consiste en una descripción sistemática y cuidadosa de la tarea o puesto de trabajo, para lo que se utilizan observaciones y entrevistas, a fin de obtener la información necesaria. En algunos casos, se necesitan instrumentos simples de medición, como puede ser un luxómetro para la iluminación, un sonómetro para el ruido, un termómetro para el ambiente térmico, etc.

Los 10 principios básicos, desde el punto de vista de la ergonomía, para el diseño del puesto de trabajo, son los siguientes:

- Conocer las tareas, los medios y el producto.
- Conocer al trabajador.
- Definir la postura general de trabajo.
- Seleccionar la altura de trabajo.
- Establecer las zonas de alcance.
- Determinar las zonas de visión.
- Facilitar posturas neutras.
- Aligerar la manipulación de cargas.
- Reducir el esfuerzo.
- Atenuar los movimientos repetitivos.

Cuestionario

3.1. **¿Qué se entiende por protección colectiva en el ámbito laboral?**

    a. Medidas que protegen a un solo trabajador.

    b. Medidas que protegen simultáneamente a varios trabajadores expuestos a un riesgo.

    c. Dispositivos de protección personal.

3.2. **¿Qué se debe hacer cuando se detectan daños a la salud de los trabajadores?**

    a. Ignorar la evaluación de riesgos.

    b. Cambiar a todos los trabajadores de puesto.

    c. Revisar la evaluación correspondiente a los puestos de trabajo.

3.3. **Un ejemplo de medida de protección colectiva en un laboratorio sería:**

    a. Uso de gafas de seguridad por los trabajadores.

    b. Colocación de una campana de extracción para vapores tóxicos.

    c. Uso de protectores auditivos.

3.4. **¿Cuál es el objetivo de la ventilación general en el lugar de trabajo?**

    a. Aumentar la temperatura del ambiente.

    b. Disminuir la cantidad de trabajadores en un área.

    c. Sustituir aire indeseable por aire adecuado.

3.5. **Los equipos de protección individual deben ser usados cuando:**

    a. No se pueden eliminar los riesgos por medio de protección colectiva.

    b. Siempre que un trabajador lo desee.

    c. Se han agotado las medidas de administración.

3.6. **Las prendas de alta visibilidad son utilizadas para:**

    a. Aumentar el confort del trabajador.

    b. Proteger frente al riesgo de atropello.

    c. Mejorar la apariencia del personal.

3.7. El mantenimiento de los equipos de protección individual debe:

   a. Realizarse solo cuando los equipos están dañados.

   b. Ser opcional si el trabajador se siente seguro.

   c. Efectuarse de acuerdo a las instrucciones del fabricante.

3.8. El personal responsable de la actuación ante emergencias debe ser:

   a. Elegido aleatoriamente.

   b. Determinado y capacitado para tales funciones.

   c. Solo el personal más antiguo de la empresa.

3.9. Cuando las medidas de prevención son inadecuadas, ¿qué se debe realizar?

   a. Revisar y adaptar las medidas preventivas.

   b. Cumplir con los plazos establecidos sin cambios.

   c. Aumentar el horario laboral de los trabajadores.

3.10. Las medidas preventivas deben documentarse en una evaluación que incluya:

   a. Opiniones subjetivas de los trabajadores.

   b. Identificación del riesgo y trabajadores afectados.

   c. Fotografías de los accidentes ocurridos.

Actividades prácticas

3.1. Indica ejemplos en que el empleo de medidas de protección colectiva haga innecesaria la protección individual.

3.2. Busca modelos o guías para realizar la evaluación de riesgos laborales referidos al sector laboral en el que trabajas o sobre el que estudias.

3.3. Una vez localizada la guía para realizar la evaluación de riesgos laborales en el sector laboral de tu interés, realiza una evaluación de riesgos laborales teniendo presente el lugar en el que trabajas u otro local que conozcas de ese sector.